メキシコの悲哀

大国の横暴の翳に

中野達司

松籟社

目次

●本書における表記などについて

メキシコは漢字では墨西哥であるが、墨の一字で表しているところもある。例えば米墨国境は米国メキシコ国境のことである。

現行米墨国境の北側の旧メキシコ領（すなわち米国南西部）は「（メキシコ）北方（領土）」、南側（すなわち現在のメキシコの北部）は、「（メキシコ）北部（領土）」と表記して区別している。

固有名詞のスペイン語部分のカタカナ表記において、二語以上で形成されているものは原則として中点（・）を付した（例 Guadalupe Hidalgo グアダルーペ・イダルゴ）。但し定冠詞（el, la, los, las）および英語の saint（聖）にあたる san, santa を含む場合は、その限りとしなかった（例 Las Vegas ラスベガス、San Antonio サンアントニオ）。

スペイン語の発音上のアクセントの位置を長音記号（ー）で示した場合と、そうでない場合があり、一貫していない。例えばラレード（Laredo）の方式に統一するならば、ラスベーガス（Las Vegas）と表記すべきであるが、ラスベガスの方が定着していると思われるので、そのように表記した。

旧メキシコ領の地名で、現在、英語風の読み方に変わっているものについては、メキシコ領時代の記述においては、概ねスペイン語読みを採用している（例 San Jacinto サンハシント）。それに徹するならば、テキサスもテハスと記すべきであったが、読者の違和感を考え、テキサスとした（テキサスがテハスなら、メキシコもメヒコとなる）。

文中において、「メキシコ人」、「メキシコ系」が併用されているが、基本的に「メキシコ人」はメキシコ国籍の者、「メキシコ系」はメキシコ系アメリカ人を表す。しかし、時にメキシコ人はメキシコ国籍に縛られない用い方がされている場合もある（その表現レベルの問題は、メキシコが二重国籍を認めるようになった今日、ますます難しくなっている。さらに、「チカノ」という呼び方もあるが、これは、メキシコ系アメリカ人の中で、特に自らのルーツがメキシコにあることを重視する人たちが、自らを指すのに用いる。チカノはメキシコ系アメリカ人であるが、逆は必ずしも真ならずであり、メキシコ系アメリカ人にはチカノと呼ばれたくない人々もいる）。

メキシコの悲哀　――大国の横暴の翳に

●メキシコ史年表

（括弧つきは、メキシコ史において必ずしもメジャーでないながらも、本書で取り挙げたもの）

一四九二年　コロンブス、アメリカ大陸到達

一五二一年　アステカ、滅亡

（一八二一年　米国人、テキサスへの入植許可獲得）

一八二一年　メキシコ、独立

（一八二九年　スペイン、メキシコ再征服の最後の試み、失敗）

一八三六年　テキサス独立戦争、テキサス共和国成立

一八三八年　フランス、メキシコに武力干渉

一八四五年　米国、テキサスを併合

一八四六年　米墨戦争勃発

一八四七年　米国、メキシコ首都制圧

一八四八年　米墨戦争終結、テキサス以西のメキシコ領、米国に割譲

（一八五二年～一八五七年　フィリバスター、メキシコ北西部侵蝕）

一八五三年　米国、メキシコ領メシージャ地区（アリゾナ南部等）購入

一八六二年　西英仏三国、メキシコに武力干渉（西英は数ヶ月で撤退）

一八六七年　フランス、メキシコから撤退

（一九〇九年　クリッパトン島領有について墨、仏両国が第三国に裁定依頼）

一九一〇年　メキシコ革命（～一九一七？）

（一九一六年～一九一七年　サンディエゴ計画なる対米叛乱）

一九二九年　制度的革命党（一九四六年～）の前身、メキシコの政権担当開始

（一九三一年　クリッパトン島、フランス領と裁定）

（一九四三年～一九六五年　ブラセロ・プログラム）

二〇〇〇年　制度的革命党、選挙で敗れ、七十一年ぶりに政権交代

序

カリフォルニア州ロスアンジェルスの原語綴りは Los Angeles であるが、下線部にお気付きであろうか。Angeles に注目せずとも、Los の部分だけで、英語でないことはおわかりであろうが、Los Angeles（ロスアンヘレス）は The Angels を表すスペイン語であり、それは、この全米第二の都市が、かつてスペイン語国たるメキシコに属していたことの名残である。メキシコ領時の正式名称は El Pueblo de Nuestra Señora La Reina de Los Ángeles de Porciúncula（ポルチウンクラの天使達の女王たる我等が聖母の町）という長いものであった。現在はその一部、Los Ángeles が名称として用いられているが、このロスアンジェルスのみならず、サンフランシスコ、サンディエゴ、サクラメントと、カリフォルニア州の著名な都市名はスペイン語起源である場合が珍しくない。それはとりもなおさず、同州がメキシコ領であったればこそである。カリフォルニアに限らず、ネバダ、アリゾナ、ニューメキシコ、テキサスなど、米国南西部はかつてスペイン領であり、メキシコの独立（一八二一年）後はメキシコ領であった。

しかし、これらのメキシコ領は、ペリー提督率いる、いわゆる黒船が浦賀沖に現れ、江戸幕府に開国を迫る頃までには、全て米国領となっていた。米国は、陸続きの範囲での勢力拡大を果たして海に乗り出し、太平洋の対岸にまでやってきたのだった。そのことは日本の行く末に多大な影響を及ぼしはしたが、日本はメキシコのように領土を蝕まれることはなかった。メキシコはといえば、米国に領土を大幅

図1　独立2年後（1823年）のメキシコ領土

George Ochoa and Carter Smith, *Atlas of Hispanic-American History, Revised Edition*, Checkmark Books, 2009, p.75 をもとに著者作成

に譲ることを余儀なくされ、両国間の国境は西に、そして南に移動し、メキシコの国土面積は独立時の半分以下となったのだった（図1参照）。その移動の殆どが戦争の結果であり、メキシコの望まぬものであった。望まぬ国境の移動に抵抗したメキシコ人もいた。メキシコの領地をさらに侵蝕しようとの米国側からの試みもあった。さらに、メキシコの憂いは米国に起因するものばかりではなく、大西洋の彼方から押し寄せる侵蝕の波もあった。また、十九世紀末以来、メキシコ人は米国に働きに行っているが、そこは、以前は自国領であった。かつて自分の国だった土地で、多くの場合、不法入国者として、底辺労働に甘んじさせられているのである。

映画「アラモ」は（少なくともジョン・ウェインがデイヴィー・クロケットを演じ、自ら監督を務めた、一九六〇年製作版は）、メキシコの圧政に抗してテキサス住民が起ち上がり、アラモの砦で、数で優る残虐なメキシコ軍相手にテキサス守備隊が壮絶に戦い、散った、という英雄譚であるが、これは、米国のテキサス獲得の過程での一エピソードを、米国側の見方で、作られたものである。独立後間もない頃のメキシコの混乱に乗じて、米国が巧妙にせしめたのがテキサスであった。テキサスをものにした米国は、さらに露骨にメキシコ領土獲得に走り、米墨戦争によって、カリフォルニアまで米国領を拡大する。

映画やTVドラマでお馴染みの「怪傑ゾロ」は、米国が獲得したばかりの頃のカリフォルニアを舞台とするフィクションである（時代などの舞台設定は作品によって様々ではある）が、ゾロのモデルとなったのではないかと考えられているメキシコ人がいる。その人物は、妻を米国人に凌辱された上に殺され、復讐の鬼となって神出鬼没で米国人を襲い、恐怖させたと云われ、米国に住むメキシコ人の間で、これも英雄譚として語られたものだった。英雄譚のどこまでが事実に基づくのかはわからないが、米国内でメキシコ人が理不尽な仕打ちを受けていたことは、紛れもない事実であり、それに歯向かう者を英雄として祭り上げる土壌となっていた。

米墨戦争史を著書にまとめたアイゼンハワー（John S. D. Eisenhower 因《ちな》みに、彼の父親は第二次世界大戦の英雄にして後の米国大統領たるDwight D. Eisenhowerである）は、そのタイトルを*So Far From God: The U. S. War with Mexico 1846 - 1848*（天国から斯くも遠し――米墨戦争……）としているが、その源は“Poor Mexico, so far from God and so close to the United States.”「哀れなるかなメキシコ、天国から斯くも遠く、米国に斯くも近し」と嘆いたメキシコ人の言葉である。アイゼンハワーは、著書のタイトルのとおり（天国から遠い）メキシコの運命は酷なものだったとしながらも、米国ばかりが責めを負うべきでないとも記している。彼の記述にあるように、メキシコ国内の問題や他国（イギリスなど）の思惑も考えなければならないとはいえ、「米国に斯くも近し」がメキシコの最大の災いであったというのが本書の立場である。今日、陰りが指摘されているとはいえ、まだまだ世界をリードする超大国たる米国。その南の隣国は、それゆえ、即ちそのような大国と隣接していたがゆえに、大いなる悲哀に塗《まみ》れてきたものであった。

本書は大国に蹂躙《じゅうりん》されてきた国、メキシコの、悲哀の歴史の一面を、あくまでもメキシコの立場から辿ろうというものである。アイゼンハワーはその著書を、資料上の制約もあってのことと、ことわってのことながら、「米国側の視点で」書いたとしているが、彼の「米国側」以上に、本書は「メキシコ側」からのものであろう。

第一章

テキサスからカリフォルニアまでの領土喪失

一・メキシコの独立と米国の西漸

メキシコは一八二一年に独立する。メキシコの前身、スペイン領ヌエバ・エスパーニャでは、一八一〇年にカトリックの一神父の蜂起に始まるスペインからの独立闘争が、約十年の紆余曲折と幾多の人命の犠牲を経て結実し、独立が勝ち取られた。その時点での指導者は元スペイン政府派（王党派）の軍人で、かつては独立闘争を抑え込むことに血道をあげていたものながら、寝返って独立派となったという経歴の持主であった。彼は新生メキシコに君主制を持ち込もうとし、スペインから相応しい人物を招じることを目論んだが果たせず、自らがメキシコ皇帝として一八二二年に即位する。この荒唐無稽ともいえる試みは長続きせず、翌年には皇帝を名乗ったその人物は海外亡命を余儀なくされ、メキシコは共和国となり、翌一八二四年、憲法が制定される。この過程で台頭した軍人が、後のメキシコの命運を決することになるサンタアナ（Antonio López de Santa Anna）であった。

メキシコの独立に先んじること約半世紀、米国は一七七六年に東部の十三州をもって独立していた。やがて米国はその領土を南に、西に広げ、特にルイジアナ（ここでいうルイジアナは、今日のルイジアナ州から北西にのび、対カナダ国境に至る、アーカンソー州、ミズーリ州など十三州にまたがる広大な土地を指すものである。図2参照）をフランスからの購入という形で獲得したことによって、メキシコの独立時には、米国の国土は広大なものと化しており、同時にこれこそが後のメキシコにとって極めて重大な意味をもつことであるが、米国はメキシコの隣国となり、国境を接する相手となっていた。因みに米国の実質的なルイジアナ購入価格は一六〇〇万ドルで、一エーカー（約四〇〇〇平方メートル）にすると僅か四セントに過ぎない(1)。

メキシコ独立の直前、一八一九年にスペイン植民地と米国の境界をめぐる合意が成立する。米国はスペインからフロリダを購入し、またルイジアナとテキサスの境界を定める条約が締結されるが、上記条約においてサビーン川以西にルイジアナは及ばないとした。そして程なく、ルイジアナの西に広がるテキサスからカリフォルニアまでを含むスペイン領ヌエバ・エスパーニャは、一八二一年に新生メキシコとして独立した（図1参照）。

スペイン統治時代に、一八一九年の条約締結（但しメキシコ側の批准は独立後の一八三一年）をもっ

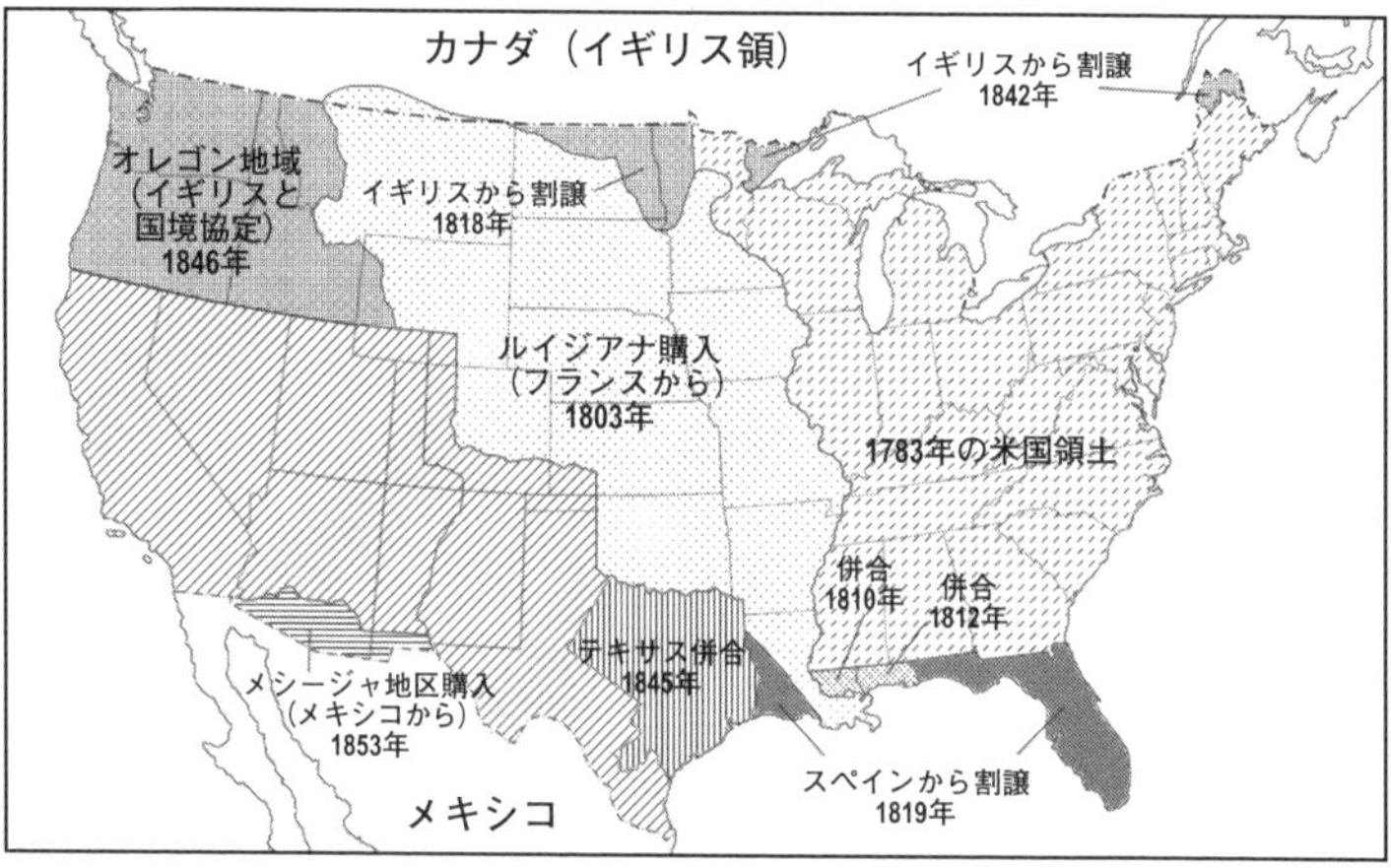

図２　米国の領土拡大

Robert A. Divine, et al., *America, Past and Present (Seventh Edition)*, Pearson Education, Inc., 2005, p.361 をもとに著者作成

てルイジアナとの境界が確定し、米国からの憂いは解決されたかの如きテキサスであったが、米国はテキサスの領有を望んでおり、ルイジアナにはテキサスも含まれるとの主張も米国政府内に見られ、さらに、テキサスは太平洋岸まで広がっているとさえ言う者もいた。「マニフェスト・デスティニー」（膨張の天命）が言葉として登場するのは一八四一年のことであるが、西方に領土を広げようという膨張主義は、まさに天命であるかの如く、ルイジアナ獲得（一八〇三年）の頃、既に少なからぬ米国人において是とされていた。膨張主義国家、米国は、ルイジアナの西に広がるメキシコ領（テキサス、ニューメキシコ、カリフォルニア）およびイギリス領（オレゴン地域）の獲得を目指し、メキシコにテキサスの売却を迫るが、拒絶される。フロリダを売った経緯のあるスペインならいざ知ら

ず、独立後の混乱の最中で財政の苦しい時であっても、新生メキシコは国土を売るような愚は、その時（一八二〇年代）は犯さなかった。前述のサンタアナが実権を掌握する前であったれば。

二．テキサスへの米国人の入植

テキサスは、スペイン領時代から、領有すれども統治せずと云えるほど、支配実績の希薄な土地であった。スペインは、幾つかの拠点に布教のためのミッションと、兵を駐在させる基地（プレシディオという名で呼ばれる）を置くのみで、その土地の本来の主たる先住民を別とすれば、居住する者は極めて少なかった。独立を達成した一八二一年のデータでは、軍人を除くと二千二百人余のメキシコ人しかテキサスには住んでいなかったことになっている。(2)

スペイン、そして独立後のメキシコの為政者にとっても、テキサスやその他の北方の国土に人を送ることは大きな課題であった。十九世紀のアルゼンチンの政治家がいみじくも唱えたとおり、「国を治めることは人を住まわせること」であった。その掛け声の下、アルゼンチンは十九世紀の後半から二十世紀初頭にかけて大量のヨーロッパからの移民を招じ入れ、それが礎となり、アルゼンチンは二十世紀前半、大いに繁栄する。メキシコはといえば、一八二一年に独立はするものの、憲法を制定し、一応、独立国の体をなすのは一八二四年のことであった。その後も政府内の権力闘争激しく、外国からの干渉も受けて、内憂外患、止まるを知らずの状態にあった。さらに、国庫は空であるばかりか、スペイン統治時代の債務さえ引き継いでいて、新生国家の運営は困難を極め、首都から遠隔の地、テキサスなどの北方領土の対策に十分な力を注ぐ余裕など望むべくもなかった。

メキシコ独立時の、北方領土の人口希薄たるには著しいものがあった。今日の北部対米国境諸州（チワワ、ソノラなど）も人口少なく、ましてやさらにその北に広がるテキサスからカリフォルニアに至る地域は、先住民を含めても人口希薄であり、メキシコ人としてのアイデンティティを持つ者に限ると、その傾向はさらに著しかった。スペイン統治時代からテキサスへの植民の必要性は認識されていたが、その当時も独立後も、メキシコ中央部からテキサスに移り住もうという者は稀であった。中央部が人口過密であれば、それが人口移動の基礎的要因を形成したと思われるが、一八一〇年に始まる独立の戦乱もあって、中央部でも人口は伸び悩み、またテキサス方面はコマンチ、アパッチという好戦性で知られ、怖れられていた先住民の存在が人を遠ざけており、人口増は到底望むべくもないという状態にあった。

そのようなテキサスに隣から米国が迫っていた。その当時、米墨両国は面積についてはほぼ同じ（米国一八〇〇万平方マイル、メキシコ一七〇〇万平方マイル）ながら、人口は一八二〇年のデータで米国九百六十万人に対し、メキシコは推定で六百二十万〜六百五十万人であったとされ、その三十年後には二千三百万人対七百五十万〜八百万人（推定）にまで差が広がっている。[3] テキサスに人を送る余裕のないメキシコに対し、膨張の尖兵予備軍に事欠かない米国であった。

「土地あれど人なし」のテキサスへの、米国人による入植を考えた米国人がいた。モーゼズ・オースティン（Moses Austin）である。彼はテキサスへの米国人入植の許可をスペインから獲得し、さらに独立後のメキシコ政府とも交渉したが、志半ばで急逝し、後は息子のスティーヴン・オースティン（Stephen Austin）が引き継ぎ、首尾よく一八二二年に三百家族を合法的に入植させる。メキシコ政府は、米国人個人を対象としては入植を許可せず、あくまでもオースティンや彼に続く植民事業者が扱う入植のみを認めた。入植の条件は、金銭的には破格といえるほど、入植者に有利なものであった。さらに奴隷の持ち込みも認められた。但し、メキシコ領内での売買は禁止であり、奴隷の親から生まれた者は自由の身分であることが条件とされた。入植後七年間は無税であり、また入植時に持ち込む資材も課税対象外であった。入植米国人には、メキシコの法を遵守すること、公の場ではスペイン語を用いること、カトリックを信仰することが各々条件として課せられた。また、海岸部と国境域への入植は禁じられていた。(4)

テキサスへの奴隷の持ち込みは、メキシコからの独立、そして米国への併合に際し、小さからぬ意味をもつことになる。メキシコでは、独立以前から奴隷禁止の気運があり、その全面禁止、解放へ向けて、一八二四年に国内への奴隷の持ち込み、および国内での奴隷売買を禁ずる法律が制定され、一八二九年には奴隷は全面的に禁止されるに至っている。メキシコでは一八二四年に憲法が制定されたが、基本的には連邦制が採られ、テキサスは南に連なるコアウイラとともに一州を形成し、コアウイラ・テハス州（テハスはテキサスのスペイン語読み）に属することになったが、このこともテキサス独立要求の一因となる。また同年には国の入植法が定められ、基本的には従来の方針が貫かれていたが、細目については現地当局の裁量権が認められていた。その結果、現地当局は米国人入植者にさらに有利な対応をするようになる。(5)

入植を推進したオースティンは奴隷については容認の立場であったが、概ね右記の入植条件を自らも守り、また彼が入植させた者にも従わせようとしたと云われる。彼は、米国人入植者の代表として現地当局に正式に認められていた。しかし、彼のようにメキシコに忠実な入植事業者や入植者ばかりではなかった。宗教や奴隷に関する規定は、入植開始時から有名無実であったようだ。さらに、ある事業者が、メキシコの支配に甘んずることに不満を募らせた者を操り、東部のナコグドチェスという町で、メキシコからの独立を標榜して一八二六年に叛乱を起こし、「フレドニア共和国」なるものの成立を宣言するが、この叛乱はメキシコ当局とオースティンらにより鎮圧されている(6)。本書第三章で取り挙げるフィリバスター活動の一例ともいえる。その後しばらくは、メキシコとテキサス入植者の関係は表面上良好に推移し、テキサスは一見平和であった。

しかしながら、その平和は、あくまでも表面上のことであり、内実においてはメキシコによる支配を揺るがすことになる構造が出来上がりつつあった。それは、住民数において米国人がメキシコ人を圧倒するということである。植民事業者を介さず無許可でテキサスに入り込む者、すなわち不法入国者も含めてテキサスの米国人人口は急増し、メキシコ人を数で凌駕するに至る。もとより米国が獲得に腐心していたテキサスで、米国人が多数派となっているこの事態にメキシコの中央政府は漸く危機感を抱き、一八二八年に要人をテキサスに派遣し、視察させる。一年近くの滞在を通じての視察の結果、米国がテキサス侵犯の準備をしており、それに対する現地のメキシコ軍の防備能力が過小であること、また、テキサスでは住人の圧倒的多数が米国人（メキシコ人の五倍以上）であるとの憂うべき視察結果が一八二九年に報告され、米国人によるさらなる植民は制限されるべきであり、メキシコ人による入植の推進が急務であることが指摘された(7)。ある推定によれば、一八三〇年時点で、奴隷を含み二万五千人以上の米国人がテキサスに居住し、それに対しメキシコ人の数は四千人程に過ぎず、また、当時テキサスに居住していた米国人の多くが不法入国者であったとされる(8)。

メキシコがテキサスをコントロールすることは既に危うくなっていたが、一八三〇年にメキシコはテキサスへの米国人の移民禁止を発令する。もとより、テキサスの米国人人口は不法に入国する者で急増していたのであったれば、移民禁止令はほぼ無意味であった。不法入国に法令が無力なことは今日も同じである。また、テキサスのメキシコ当局には物理的に入国を阻止する軍事力も備わっていなかった。

一方、米国人はメキシコの支配に不満を募らせていた。一八二九年にメキシコが国家の方針として奴隷を全面禁止にすると、テキサスの米国人は強力に抵抗し、現有の奴隷に限り使用できるとの特例をメキシコに認めさせている。オースティンは、住人の集会を開いて彼らの主張を集約し、当時テキサスが属していたコアウイラ・テハス州から分離することを望む彼らの主張を背に、一八三三年、首都のメキシコ市に交渉に赴く。しかし成果は得られず、そのうえ旅先からテキサスの同胞に宛てた手紙がメキシコ官憲に押収され、分離推進の内容であったがゆえにオースティンは捕らえられ、一年にわたって拘留される(9)。

三、テキサス独立戦争

解放されて戻ったオースティンに、最早テキサスの住人を抑える力はなかった。穏健派と見られていたオースティンであったが、彼自身、テキサスへの海路での帰途、ニューオリンズに寄り、武器を調達している。テキサスの住人はメキシコに対し、税関の廃止、無税期間の延長、無許可入植者（実質的には不法入国者）の土地所有承認と、要求を吊り上げる一方、一八三五年六月には東部の沿岸部の町（今日のガルベストン）を武力制圧する。メキシコが要求に応じないと見るや、同年十月、彼らは、譲歩を勝ち取るまでテキサスはメキシコから分離することを宣言する。そして同年十二月には、ベハルの町（今日のサンアントニオ。アラモの砦はこの町にあった）を攻め、数で優るメキシコ軍を降伏させ、支配下におく。この時メキシコに叛旗を翻したテキサス住人の中には、メキシコ人も含まれていた。

影響力の翳っていたオースティンに代わって入植者を率いていたのはヒューストン（Samuel Houston）であった。対メキシコの開戦やむなきこと、しかも敗戦必至であることを認識していたヒューストンらによって、米国内でテキサスへの支援が訴えられ、寄付と義勇兵も募られる。米国内のテキサス支援熱は高かったが、当時の米国政府は表向き中立であった。メキシコでは、共和国になる過程で台頭していた軍人、サンタアナが大統領職にあった。戦争が好きなこの軍人大統領は、国内の敵対勢力を退け、政務を腹心に委ね、自ら討伐軍を率いてテキサスに向かう。急ごしらえの六千人からなるメキシコ軍は、冬で悪条件のメキシコ北部の砂漠地帯を、テキサス叛乱軍が想像できなかった程の速さで進軍し、その

図3　テキサス独立戦争

苛酷さゆえ四百名を超える死者を出しながらも、一八三六年二月にはサンアントニオに達する。さながら欧州を席巻したナポレオン気取りで行軍の先頭に立つサンタアナは、雨季の到来の前にサビーン川（米国との国境）まで進み、叛乱勢力を駆逐するつもりであったという。その過程でサンアントニオのアラモ守備隊と対峙したのであった。一方、サンタアナに率いられてサンアントニオに向かったのとは別のメキシコ軍の一隊が、別動隊として海岸寄りのコースで叛乱軍を平定しながらテキサスを北進していた。[10]

テキサス叛乱軍の兵力は、米国からの義勇兵も合わせてテキサス全体で千八百人ほどであったと云われるが、必ずしも然るべく統率されておらず、複数の拠点に散在していた。サンタアナ率いるメキシコ軍が向かった先、サンアントニオでは義勇兵も含めての百八十余名が、元はカトリックの伝道所であったアラモの砦に立てこもっていたが、ヒューストンは先住民の協力を取り付ける交渉に出ていて、その中にはいなかった。サンアントニオの南東一〇〇マイル余に位置し、数百人が結集していたゴリアド等の、他の地域の叛乱軍へのアラモからの切なる援軍派遣要請もほぼ空しく、アラモ守備隊は数にお

いて十倍以上のメキシコ軍の攻撃にさらされることとなる。(11)

一八三六年三月二日、テキサスは独立を宣言するが、アラモで壮絶な攻防戦が繰り広げられるのは、その三日後のことであった。戦闘は三月五日に始まるが、翌日未明アラモは陥落し、立てこもっていた百八十余名の兵士はほぼ全員戦死する。メキシコ軍でアラモ攻撃に携わったのは約二千人であったが、そのうちの少なくとも三百人が死亡したと見られている。(12)これが後々語り継がれ、ハリウッド映画ともなった「アラモの戦い」であるが、ジョン・ウェイン扮するデイヴィー・クロケット等のヒーローが、数で圧倒的に優る、ダーティーで無慈悲なメキシコ軍相手に、勇敢に戦い、潔く散ったとの、涙をさそう美談仕立ての映画は、既に「序」で触れたが、あくまでもテキサス側、米国側の見方によるものである。

一方、海岸寄りを進んだメキシコ軍の別動隊は三月十六日にゴリアドに達したが、そこでは四百人を越えるテキサス叛乱軍が、ラバイーアという名のプレシディオ（基地）に集まっていた。アラモがミッションの建物で、軍事目的で建造されたものではなかったのに対し、ラバイーアは本来がプレシディオ、即ち軍の砦であったため、そこで敵を迎え撃てばアラモのように脆弱ではなかったと思われる。しかし、テキサス軍の指揮官は戦わずして兵をプレシディオから退却させた挙句、メキシコ軍の追撃に這々《ほうほう》の体《てい》となり、降伏する。アラモに続きゴリアドでもテキサス軍は敗れ、一方、メキシコ軍、とりわけその将サンタアナは強気一辺倒であった。

ゴリアドでメキシコ軍の指揮官は、「全員処刑」とのサンタアナの命令により、自らの意に反して捕虜を銃殺することになる。四百名余の捕虜の大半は処刑されたが、現場指揮官は必死に口実を設け、救えるだけ救ったといわれる。(13) とはいえ、この捕虜処刑という暴挙は、先のアラモ守備隊殲滅の一件と相俟って、サンタアナは勿論のこと、メキシコ軍は残虐であるとの印象を、テキサスに、そして米国に植え付けることとなる。命を失った者にとっては絶対的な悲劇であるが、メキシコにとっても失うものが大きかった。

アラモで、そしてゴリアドで敗れたテキサス叛乱軍であったが、総司令官のヒューストンは戦場から東に離れた所で、米国側からの支援を得て態勢の立て直しを図り、またメキシコ軍の動きも的確に察知していた。「アラモの敵討ち」(Remember the Alamo!) に燃える兵士の士気は高揚していた。片や、勝って驕れるメキシコ軍は、敵を見くびって東進を続けたが、四月二十一日、テキサス軍の急襲を受ける。サンハシントの戦いである。歩哨も立てずに野営しているところを不意を突かれ、数の優位を活かす間もなく、パニックに陥ったメキシコ軍は総崩れとなって敗走し、サンタアナは捕虜となる。

テキサス軍にとり、アラモで、そしてゴリアドで同胞を死に至らしめた、残忍な敵将、サンタアナは処刑して当然であり、兵士の大多数がそれを望んだ。しかし、ヒューストンは冷静にして狡知に長けており、サンタアナを「生捕」にしたことを最大限に利用した。何しろ捕えたのは敵方の単なる一人の現場総司令官ではなく、テキサスを支配していた国、メキシコの最高権力者であった。如何なる戦利品にも優る最大最高の獲物ともいえ、その利用価値は歴史を動かし得るものであった。ただ、ヒューストンの思惑通りになるかどうかはサンタアナの矜持にかかっていた。

ヒューストンはサンタアナの命はさておき、ヒューストン自身が、そして多くのテキサス住人が、何よりも望んでいたものを獲得しようとした。テキサスのメキシコからの独立である。ヒューストンは、テキサスのメキシコからの独立を認めるということを骨子とするベラスコ条約というものへの署名を、虜囚の身であるサンタアナに迫った。果たせるかな、サンタアナは自らの命の保障と引き換えにそれに応じてテキサスの独立を認め、あまつさえテキサス内のメキシコ軍の撤退を部下に命じたのであった。サンハシント以外の拠点で陣を張っていた無傷のメキシコ軍の規模は、テキサス軍にとって脅威となり得たが、メキシコ軍の現場司令官は、虜囚の全軍の将から発せられた命令に従うのみであった。この時、もしテキサスに残留していたメキシコ軍が的確な指揮の下に行動を起こしていたら、後述のとおり、メキシコはベラスコ条約を有効なものとは認めていなかったので、テキサスの帰趨、さらにその後の米墨関係の展開にも異なるものがあったことが想像される。

サンタアナは自分の命を惜しんだことで、部分的な敗北に過ぎなかったものを、全面的なそれへ拡大させてしまった[14]。サンタアナはベラスコ条約に署名することで、獲物としてヒューストンの期待通りの働きをし、メキシコに取り返しのつかない災厄をもたらすのであった。しかも、メキシコ帰国後に述懐したところによると、テキサス喪失の責任は自分にでなく部下にあるとし、サンハシントから自らが発したメキシコ軍への撤退命令については、それに従った部下が悪いのであり、ゴリアドでテキサス軍捕虜を処刑したのも部下の責任だとしている[15]。

かくしてテキサスは独立を獲得することとなり、サンタアナはワシントンに連行される。テキサスに進軍する前に、彼は「テキサス叛乱に米国の影あれば、メキシコ軍はワシントンにまで攻め上らん」と怪気炎を上げたものだった[16]。しかし軍を率いてではなく、テキサスで虜囚となった者としてその地を踏み、当時の米国大統領ジャクソン（Andrew Jackson）と会見している。メキシコは、その虜囚の身であった者を当事者としての交渉、そしてその結果としての条約（ベラスコ条約）署名を有効なものとは認めず、従ってテキサス独立承認など論外であった。しかし、テキサスは独立国としての初代大統領にヒューストンを任命し、[17] 一八三七年に米国の承認を得る。さらに一八三八年のフランスを皮切りに、イギリス他のヨーロッパ諸国に相次いで承認されることとなる。そして、サンタアナは生きてメキシコに帰還する。

四．米国によるテキサス併合と米墨開戦

メキシコは一八二一年にスペインから独立したが、スペインはその独立を認めず、手放さずにいた植民地、キューバから、隙あらば再征服せんと虎視眈々と狙っていたものであった。一八三六年になって漸く、スペインはメキシコの独立を承認するに至るが、その同じ年に今度はメキシコがテキサスを失い、その独立を承認しない立場となったのである。

当時、テキサスの将来については以下のような場合が想定され得た。

① 復帰（メキシコがテキサスを奪還）
② 独立（テキサスはテキサス共和国として未来永劫存在。即ち米国に併合されず）
③ 併合（米国がテキサスを併合）

テキサスを取り戻すのは、それが外交によってであれ、軍事力によるものであれ、メキシコには至難であった。テキサスには米国が背後に控えており、メキシコがテキサス独立の過程の不当性を訴えても、頼みとすべきヨーロッパの列強は続々とテキサスを承認していた。またサンハシントの戦いの直後ならいざ知らず、一旦兵を引き上げてからのメキシコは、再度戦端を開くにはあまりにも国が混乱し、疲弊していた。武装叛乱する地域あり、干渉する外国ありで、内憂も外患も目を覆うばかりであった。北部ではソノラが内戦の様相を呈し、一方、南部ではユカタンの叛乱をテキサスが支援しようとするなどし、またフランスの干渉（第四章参照）も受け、メキシコ（政府）は内外で嘗められきっていた。それは、独立してから日の浅い新生国家が対処するには、甚だ厳しすぎる試練ではあった。国政は争いの場であり、テキサス喪失の責めを負って失脚して然るべきサンタアナが、再び権力者として君臨するなど、健全な政府に恵まれず、また財政も最悪の状態であった。(18)

世論は「テキサス奪還」であり、実際にメキシコ軍がテキサスに進軍し、サンアントニオを制圧したこともあった。また、テキサスの米国人を快く思わない先住民と共闘して、テキサス政府を倒す計画が密かに練られもしていた。しかし、仮に「テキサス奪還」が国是であっても、その目標実現のために国を挙げて取り組む態勢などなく、また、それを実現する有能な指導者にも恵まれなかった。戦費調達への協力を国民に呼びかけても反応は芳しくなかった。(19)

みすみすテキサスを失ったままにしておかないことに理はあったにしても、打つ手を欠くのが実情であった。それならば、上記選択肢で最悪の「③　併合」、即ちテキサスが米国になることだけは避けるべし、との判断があってもよさそうに思われるが、当時のメキシコでは受入れられなかった。そのような中、英仏両国はメキシコに対し、テキサス独立を米国への併合なしとの条件の下で承認すべし、と強力に勧めた。特にイギリスにとっては、テキサスの帰趨は自らの国益に大いに関わることであった。オレゴン地域の領有をめぐって米国と争っていたことに加え、米国がテキサス獲得によって領土を拡大し国力を増大させ、覇権国家イギリスの地位をますます脅かす存在になることを阻止したいところではあった。テキサスが独立し、イギリスの友好国となれば、綿花などの一次産品の供給地として、さらにはイギリス製品の購買国としてテキサスの持つ経済的な魅力は実に大きかった[20]。

しかし、メキシコがテキサス奪還を悲願としようと、また、ヨーロッパの大国がテキサスの米国領化を嫌おうと、米国によるテキサス併合は、早晩実現することであった。テキサスがそれを望み、また米国もそれを望んでいたからである。先に設定したテキサスの将来についての三つの選択肢のうち、メキシコにとって絶対的に望ましいのは「① 復帰」であり、「② 独立」と「③ 併合」は何れにせよテキサスを失うことであったが、後々のことを考えれば、「③ 併合」が最悪であった。そして、最悪の事態が現実となり、一八四五年にテキサスは米国に併合されることとなる。その後の現実の推移はさらに厳しくむごかったが、先ずは併合に至る過程を辿ってみる。

テキサスは、独立後直ちに、米国に同国への併合を打診するが、受入れられなかった。当時の大統領ジャクソンは、ルイジアナの西に広がるメキシコ領の獲得を望んでおり、独立したテキサスを米国領にすることに異論のあろう筈がなかった。サンハシントで捕虜となったサンタアナは、テキサス独立を認めるベラスコ条約に署名した後、直ちに釈放されてメキシコに戻ったのではなく、米国の首都ワシントンに連行され、そこで大統領ジャクソンと面会している。その際ジャクソンは、テキサス以西のメキシコ領の「値段」をサンタアナに問うたと伝えられている。それほどメキシコ領土獲得に執心していた米国大統領が、併合の申し出に応じなかったのは何故か。

併合すれば、テキサスの独立を認めていないメキシコとの戦争は不可避とみられていた。さらに、奴隷をめぐって米国内が割れているという由々しき事情があった。テキサスに進出した米国人の多くは、メキシコが禁じていたにもかかわらず、奴隷を使用していた。テキサスが米国に併合されれば、奴隷州が増えることとなり、それは反奴隷の（米国）北部が容認し得ないことであったろう。テキサス併合は、内にも外にも戦争を招きかねない、大いなる危険を孕むことであった。また、イギリスが併合に反対であった。このような状況にあって、ジャクソンも併合に踏み切れなかったのである。彼を継いだヴァン・ビューレン（Martin Van Buren）もまた、慎重姿勢に徹した。

テキサス併合に動いたのは一八四一年に大統領となったタイラー（John Tyler）であった。一八四四年四月にテキサス共和国との間でテキサス併合条約を締結するが、議会は批准しなかった。次期大統領選挙は、領土拡張に慎重な候補同士の争いになると思われていた。しかし、ポーク（James Knox Polk）なる積極的領土拡張論者が、大方の予想を覆し、先ず党内を制して民主党候補となり、さらに最終的に大統領選挙にも勝利すると、タイラーは一気に議会工作を進め、ホワイトハウスを去る直前にテキサス併合条約の批准を勝ち取る。

その当時（一八四四年）、メキシコでは、あのサンタアナが君臨し、独裁制を敷いていた。彼はテキサスに対しては主戦論に凝り固まり、駐米メキシコ大使に「併合したら即開戦」と米国に通告させていた。一方、国内では、米国大統領タイラーのテキサス併合への動きを知るや、テキサスへの進軍に向けて、戦費調達と徴兵を強引に押し進めたが、不評を買った。英仏両国からの説得を受け、一転して戦争回避、テキサス承認に傾きもしたサンタアナであったが、既に国内での彼への不評は政変へと発展するほどとなっており、一八四四年十二月に失脚し、被告席に着く。再び命こそ長らえたが、裁判によって終身国外追放が宣せられ、キューバに逃れる。(21)

後継は穏健リベラル派のエレラ（José Joaquín de Herrera）であった。主戦論が幅を利かせていた中で、エレラは、軍事力においても財政面からも、また外交上も、対テキサス開戦は回避すべきとの姿勢であり、イギリスの助言にも耳を傾けていた。テキサス、米国間では一八四四年四月に併合条約が調印されていたが、米国での批准はままならず、ポークが大統領選を制した後、翌年二月、漸く米国議会はテキサス併合を承認した。メキシコは英仏両国からの強い働きかけに応じ、一八四五年五月に、米国に併合されないとの条件の下での、テキサス独立承認の意向を固める。このような米墨両国からのオファーに対しテキサスでは、一八四五年七月、テキサス議会がメキシコからの承認申し出を拒絶し、米国への併合を圧倒的な票差（五十五対一）で可決する。そして翌年二月、テキサス大統領は、テキサス共和国の消滅を宣言する。(22)

メキシコにおいて、テキサスを巡る方針で戦争となることに慎重であったのは、少なくとも政治家の中ではエレラのような穏健リベラル派の一部のみであり、他は、リベラルも保守も実力行使によるテキサス再征服を是としていた。その状況下で、テキサスの独立を承認することによって戦争を回避しようとしたエレラ政権であったが、米国によるテキサス併合が現実となると、「併合は戦争を意味する」と公式に表明することを余儀なくされる。しかし、エレラは開戦を望んでいたわけではなく、むしろ、テキサスに続く領土拡張を目論む米国が、戦争突入を視野に入れて、メキシコに領土売却に応ずるよう圧力をかけていたのであった。エレラはひたすら戦争を回避すべく、外交に望みを託していた(23)。

独立後四半世紀しか経ていなかったメキシコは、国内の基盤整備ができないまま外国の干渉を受け、満身創痍の状態であり、特に経済については歳入が歳出の半分にも満たないのが実情であった。また、エレラ自身も軍人出身であったが、当時のメキシコ軍は、幹部の軍服こそ立派であったが、実質は組織上も装備に関しても、お粗末極まりなかった。兵士は、犯罪者や浮浪者、そして嫌がる先住民を無理やりにかき集めて揃えるような状況であり、武器は量的にも不十分で、しかもその質たるや、ヨーロッパのバーゲン品たる旧式のマスケット銃が主力であった。そのような軍隊をもって、ライフル銃も普及していた米国との戦争に臨むなどとは無謀そのものであり、為政者が戦争回避に努力することは当然であった。テキサスを巡っては、米墨間に、その境界線に関して不一致があり、それについては交渉が必要であったといえよう。しかし米国にとって、メキシコとの交渉はテキサス以西のメキシコ北方領土をメキシコに売らせるためであった。メキシコ市で交渉が行なわれるに至るが、当然にして不調であった。そして、エレラの対米姿勢が弱腰であると批判する保守派の軍人政治家が実権を握るに至り、いよいよ戦争回避は困難になっていった(24)。

テキサスのメキシコとの境界線は、メキシコにとってはヌエセス川であったが、米国はリオ・グランデ（川）であると主張していた（図4参照）。一八四六年四月、米国軍はヌエセス川を越えたところ、即ちメキシコが自国領とするコーパス・クリスティの町に駐留してメキシコを刺激していた。メキシコ市で行なわれていた領土購入交渉に展望がないと見るや、米国大統領ポークは、米国軍をさらにリオ・グ

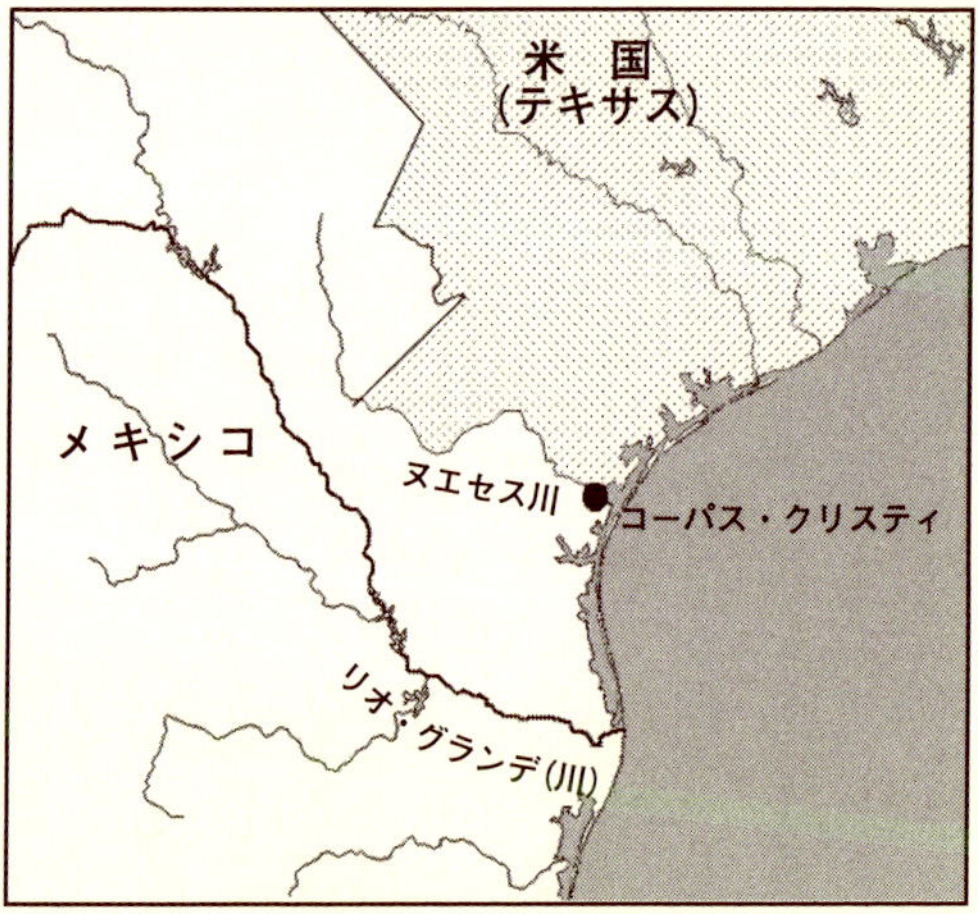

図4　米墨戦争

ランデ河畔まで進ませ、あからさまにメキシコを挑発する。リオ・グランデの南側に展開していたメキシコ守備隊の司令官は、米国軍に対し、二十四時間以内にヌエセス川の北側まで退却することを要求すると通告するが、米国軍は従わず、同年四月二十五日、メキシコ軍はリオ・グランデを渡って、米国軍を攻撃する。そして米国軍に犠牲者が出る。ポークの待ち望んだことであった。力尽くでもメキシコ北方領土を獲得したく、戦争を始める大義名分、いや、口実を求めていたポークは、「メキシコが我が国領土を侵犯し、米国の土地で米国人の血が流された」とし、議会に対メキシコ開戦の承認を求める。議会は、元大統領ジョン・クインシー・アダムズ（John Quincy Adams）らの反対はあったものの、上下両院で圧倒的な票差でポークの意向を承認し、同年五月十一日、米国はメキシコに宣戦布告したのであった。[25]

五．メキシコ敗戦と領土喪失

リオ・グランデでメキシコ軍を挑発し、開戦をもたらした部隊は、そのまま南下してメキシコ北部に攻め入る。一方、別の部隊はヌエボ・メヒコ（ニューメキシコ）をほぼ無抵抗で平定し、さらに西進してカリフォルニア攻略に向かう。また別の一隊は、海路ベラクルスに達し、この、メキシコの通商上の最重要拠点たる港町を制圧し、さらに首都メキシコ市を目指す。このように三方面（北部、カリフォルニア、ベラクルス―メキシコ市）で戦闘が繰り広げられ、局地的な善戦はあったものの、緒戦から、形勢はメキシコに芳しくなかった。

そのような中、メキシコでは、エレラを倒した保守派に代わって、リベラル急進派が救国体制を構築しようとする。その中身たるや、あの忌み嫌われて永久国外追放とされたサンタアナを、最高権力者に迎えようというものであった。もとより復帰への色気満々のサンタアナは、亡命先のキューバで、米国大統領ポークに密使を送り、自分が返り咲いた暁には、米国の欲するメキシコ領土の売却に応ずるとの意向を伝えるなどしていたが、メキシコ国内でのかつての敵と云うべきリベラル急進派からの誘いに一も二もなく乗り、大統領として米国と戦うべく帰国する。[26]

サンタアナは、北部において、またベラクルス―メキシコ市方面において、メキシコ軍を指揮するが、形成の逆転はならなかった。仮に、サンタアナが優れた指揮官ぶりを発揮したとしても、急造にして装備貧弱、そのうえ士気さえも低く、敵を黄熱病が成敗してくれることを期待していたようなメキシコ軍であってみれば、武器で優り、士気も高かった侵略軍を打ち破ることは至難であったと思われる。加えて、サンタアナの指揮官としての失策もあり、時を追う毎に敗色は濃厚となり、終には、ベラクルスから攻め上った敵軍に首都を占領されるに至る。首都に迫る前、米国側はサンタアナに賄賂を贈り、戦争の終結を促すが、サンタアナはそれを受け取るだけ受け取って、結局は自国も敵国も欺く。(27)

一八四七年九月、首都陥落に至って、サンタアナは大統領を辞し、軍法会議にかけられた後、亡命という形で国を去る。そして一八四八年一月に首都を制圧した米国軍とメキシコ暫定政府の間で終戦交渉が行なわれ、同年二月に合意に達し、終戦条約（グアダルーペ・イダルゴ条約）が締結される。同条約によって、テキサスとメキシコの境界はリオ・グランデとする開戦以前の米国の主張が認められたに留まらず、テキサスのさらに西に広がるメキシコ領の、ヌエボ・メヒコとアルタ・カリフォルニアが米国に割譲されることとなった。それに対し米国は一五〇〇万ドルをメキシコに支払い、また、メキシコが米国民に負う借金の返済を米国政府が肩代わりすることが合意される。グアダルーペ・イダルゴ条約は、同年三月に先ず米国議会において、異論はあったものの批准され、その後、同月中にメキシコでも承認される。米国議会における異論の筆頭は、メキシコに割譲させる領土が少な過ぎるというものであったが、そもそも他国領土を獲得すべきでないという少数意見もあった。その後、同年七月までにメキシコ市駐留の米国軍は撤退する。(28)

米国の膨張主義の前に為す術もなきが如くに敗れ、国土の過半を失ったメキシコであったが、それで終わりではなかった。メキシコは、性懲りもなく、またもやサンタアナを権力の座に復活させることとなり、一八五三年五月、亡命先から彼を呼び戻して国政を託す。一方、米国の領土拡大への執念も止まるところを知らず、メキシコ北西部の領土をさらに獲得しようとしていた。ヒラ川という河川と今日の米墨国境線の間のメシージャ地区（la Mesilla）と呼ばれる地域の売却をサンタアナ政府に迫ったのだった。敗れた国の復興のために呼び戻されたサンタアナであったが、彼の復帰を推進した政府の重鎮が死亡するや、憲法を停止し、批判者を弾圧するようになり、従来にも増す独裁者ぶりを発揮し、贅沢三昧に耽るばかりであった。そのような人物が君臨し、財政が逼迫していた政府を相手とする交渉は容易であり、米国はメシージャ地区の購入（一〇〇〇万ドル）に成功する。国土を切り売りしたサンタアナに、メキシコ国民の怒りが沸騰し、またもや彼は失脚し、国外に逃れる。晩年、帰国を許されはするが、権力者としての復活はなかった(29)。

メシージャ地区の購入は、交渉に従事した米国側代表者の名前に因みガズデン購入と云われるが、それをもって、漸く米国のメキシコ領土侵蝕に終止符が打たれ、イギリスとの間でもオレゴン地域の境界について、既に有利な決着を勝ち取っていた米国は、大西洋から太平洋にまたがる国土を擁する広大な国家となり、超大国へと発展していく。メシージャ地区購入は一八五三年のことであったが、同国海軍の船が太平洋の対岸の国に現れ、開国を迫ったのも同じ年のことであった。

米国は、その後アラスカやハワイなども加え、ますます領土を拡大したが、メキシコはといえば、一八二一年の独立時に擁していた国土の実に半分以上を失ったことになる。その失った土地は、今日の米国南西部のテキサス(30)、ニューメキシコ、アリゾナ、ユタ、ネバダ、カリフォルニアの諸州全域およびコロラド州、ワイオミング州、オクラホマ州の一部となっている。グアダルーペ・イダルゴ条約の締結と、ほぼ時を同じくしてカリフォルニアでは金鉱が発見され、ゴールド・ラッシュが起こる。一方、テキサスでは、やがて、石油の産出が始まる。カリフォルニア、テキサスなどの米国南西部の隆盛に鑑みると、その土地を得た国、失った国、そのコントラストはむごいばかりではないか。

カリフォルニアが独立した一国であったなら、米国の最大のライバルであったであろうというのを聞いたことがあるが、もしも同州が米国でなかったら、そして、もしもカリフォルニアがメキシコ領だったら、カリフォルニアは、そして米国は、またメキシコは、さらに世界は、如何様であったであろうか。エンゲルスは「……壮麗なカリフォルニアが、それを利用するすべを知らない怠惰なメキシコ人の手から奪い取られたのは、不幸なことだったとでもいうのか？　精力的なヤンキーが、同地の金鉱を急速に開発することによって流通手段を増大させ……世界貿易に新しい方向を与えたのは、不幸なことだったとでも言うのか？」(31)と評している。確かに、カリフォルニアが米国領となったことは、米国と世界の経済の発展に大きく貢献したであろう。しかし、メキシコにとっては不幸であった。

六．「天国から斯くも遠く」

本章は、ヨーロッパの植民地だった米墨両国が、独立後に国土を、片や大幅に拡大し、片や半分以下にまで失った経緯を辿ったものである。それは、両国（メキシコの独立以前を含む）が国境を接するようになって以来の、僅か五十年（メキシコ独立後の三十年）の間に起こったことである。当時世界一の強国であったイギリスを相手に勝利し、独立後も発展著しい米国が、領土的拡張を遂げようとする先に立ちはだかっていたのが、落日の植民地帝国スペインから独立は果たしたものの、混乱の極みにあったメキシコであった。マニフェスト・デスティニーという錦の御旗の下に迫ってきた隣国の攻勢に、新生メキシコの内部は然るべく立ち向かう態勢になく、国難の時にこその指導者にも恵まれなかった。

指導者といえば、米国ではルイジアナの獲得を果たした大統領、ジェファーソン（Thomas Jefferson）は、歴代の大統領の中でも特に人気のある一人と思われる。一方、米墨戦争を導き、テキサス以西の広大な領土の獲得をもたらした大統領、ポークの評価は、低い訳ではないが、その「功績」からすると地味ではないだろうか。(32) ルイジアナ獲得は、フランス側の事情もあってのことであり、必ずしもジェファーソンの手腕によるものとばかりは思えない。勿論、ジェファーソンはルイジアナ獲得がなかったとしても、好まれる大統領ではあろう。ポークの方はといえば、米墨戦争による強引なメキシコ領土獲得は、メキシコにとっては忌まわしいことであったが、米国にとっては計り知れない功績ではないかと思われる。しかしポークは、今日、どちらかと云えば埋もれている。米国は、ポークに汚れ仕事をさせ、その結果（領土拡張）の恩恵に浴しながら、功労者は殊更に称えていないかの観がある。汚れ仕事への国としての後ろめたさであろうか。因みにポークは、領土拡張を遂げて、一八四九年に一期で大統領職を退き、その三ヶ月後に世を去っている。「マニフェスト・デスティニーはポーク作ではないが、彼はその理想的な請負人である」(33) との評価に接したことがあるが、的を射ていよう。

もっとも、マニフェスト・デスティニーに踊った米国によるメキシコ領土獲得は、当時の米国民がこぞって支持したわけでもなかった。メキシコに進軍した米国兵の中に、侵略への加担に異を唱え、メキシコ軍に投じた者もいた。当時の米国のオピニオン・リーダーの中には、テキサス併合、米墨戦争を批判した者も少なくない[34]。その理由には、奴隷制との関わり、宗教的信条などがあったが、メキシコとの戦争の不当性そのものを訴えた者もいた。リンカーン（Abraham Lincoln）やグラント（Ulysses S. Grant）といった、後に大統領となる人々が米墨戦争を批判したことが知られている。下院議員時代のリンカーンが、ポークの開戦を舌鋒鋭く追及した声明が、今日、メキシコ市の公園に碑銘として残されている。

批判があったところで、メキシコが失った領土が旧に復することはなく、旧メキシコ北方領土は米国南西部として、今日、繁栄を謳歌している。メキシコは、テキサスも他の北方領土も、概ねサンタアナの治世に失っている。サンタアナの君臨は、米国には好ましいことであったといえよう。追放されていたサンタアナが、米墨戦争勃発後に米国と戦うためにキューバから帰国する際、メキシコ湾を海上封鎖していた米国は、彼を捕捉していない。歓迎するが如くであった。彼の行状には本書第三章でも言及することになるが、メキシコに取り返しのつかない災いをもたらした為政者であり、一人でこれほどまでに国益を損じた例は、世界でも稀であろう。国賊とか売国奴などと痛罵されてもおかしくない者ながら、晩年、亡命先からの帰国を許され、母国で生を全うしている。

その評判のよかろう筈はないが、サンタアナのような為政者が君臨できてしまうような国情の時に、メキシコ史上最大の難事がふりかかったことこそ、メキシコの悲劇であろう。書生論かもしれないが、米国からの圧力は外交によって凌ぐべきであって、米墨戦争は何としてでも回避しなければならなかった。しかし、サンタアナの君臨もさることながら、政変続きの当時のメキシコにあっては、「政府が米国と外交交渉できたところで、米国とのどんな合意も次の政府によって反故にされてしまっていたことであろう。」[35] マニフェスト・デスティニーの時代のメキシコがそのような国であったことは、米国にとってこの上なく好都合であった。それも天の配剤ということになってしまうのであろうか。

メキシコにとっては、領土喪失は癒され難い災いであり、サンタアナの君臨は忌まわしいものであった。しかし、何よりも忌まわしいのは北の隣国であろう。後のメキシコ大統領の有名な嘆きの言葉、「哀れなるかなメキシコ、天国から斯くも遠く、米国に斯くも近し」(¡Pobre México, tan lejos del cielo y tan cerca de los Estados Unidos!)[36] は、そのメキシコの心情をあまりにもよく表していて切ない。

注

（1）アリステア・クック（鈴木健二、櫻井元雄訳）『アリステア・クックのアメリカ史（上）』日本放送出版協会、一九九四年、二三一―二ページ。

（2）Andrés Tijerina, "Tejanos & Texas, The Native Mexicans of Texas, 1820-1850", Ph. D. Dissertation, University of Texas, 1977, pp.18, 35, 49, cited in Arnoldo De León, *The Tejano Community, 1836-1900*, University of New Mexico Press, 1982, p.4.

（3）D. W. Meinig, *The Shaping of America: A Geographical Perspective on 500 Years of History, Volume 2 Continental America, 1800-1867*, Yale University Press, 1993, p.128.

（4）Raúl Pérez López-Portillo, *Historia Breve de México*, Sílex, 2002, p.154.

（5）*Ibid.*

(6) Rodolfo Acuña, *Occupied America, A History of Chicanos (Third Edition)*, Harper Collins, 1988, p.7.

(7) Josefina Zoraida Vázquez y Lorenzo Meyer, *México frente a Estados Unidos (Un ensayo histórico 1776 - 1988),* Fondo de Cultura Económica, 1992, p.43.

(8) Matt S. Meier & Feliciano Ribera, *Mexican Americans / American Mexicans: From Conquistadors to Chicanos*, Hill and Wang, 1993, p.25.

(9) Acuña, *op. cit*., pp.7-9.

(10) Albert A. Nofi, *The Alamo and the Texas War for Independence: September 30, 1835 to April 21, 1836 Heroes, Myths and History*, Da Capo Press, 1992, pp.56-65.

(11) *Ibid*., pp.95, 99.

(12) *Ibid*., p.136.

(13) *Ibid*., pp.143-144.

(14) Justo Sierra (translated by Ramón Eduardo Ruiz), "The Tragedy of 1864", Ramón Eduardo Ruiz (ed.), *The Mexican War: Was It Manifest Destiny?*, Holt Rinehart and Winston, Inc., 1963, p.112.

(15) Renato Blumenberg, *Antonio López de Santa Anna,* Grupo Editorial Tomo, 2003, p.102.

(16) Will Fowler, *Santa Anna of Mexico*, University of Nebraska Press, 2007, p.163.

(17) 一八三六年三月二日の独立宣言時には暫定正副大統領を任命し、ヒューストンは軍総司令官に任ぜられた。なお、暫定副大統領に任命されたのはメキシコ人であった（Nofi, *op. cit*., p.97）。

(18) Timothy J. Henderson, *A Glorious Defeat: Mexico and Its War with the United States*, Hill and Wang, 2007, p.124, 128.

(19) *Ibid.,* pp.122, 123, 125.

(20) *Ibid.,* pp.127, 140.

(21) *Ibid*., pp.129-132.

(22) *Ibid*., p.147.

（23）*Ibid.*, pp.147, 150.
（24）*Ibid.*, pp.143, 149-151, 152.
（25）John S. D. Eisenhower, *So Far From God: The U.S. War With Mexico 1846-1848*, Random House, 1989, pp.60-68.
（26）Henderson, *op. cit.*, pp.159-160.
（27）*Ibid.*, p.169.
（28）Eisenhower, *op. cit.*, pp.366-368.
（29）Robert L. Scheina, *Santa Anna: A Curse upon Mexico*, Brassey's Inc., 2002, pp.78-85.
（30）「米国南西部」で表される領域は必ずしも一定でなく、テキサスを含めない場合も少なくないようであるが、本書では「序」以来、「米国南西部」にテキサスを含めている。
（31）フリードリッヒ・エンゲルス（村田陽一訳）「民主的汎スラブ主義」大内兵衛、細川嘉六監修『マルクス＝エンゲルス全集　第6巻』大月書店、一九六一年、二七〇ページ。
（32）米国大統領の人気ランキング各種において、ポークは概ね十位、またジェファーソンは四位あたりに位置している。Times Online (October 31, 2008) の The Greatest U.S. Presidents によると、ポークは十一位である。因みに一位リンカーン、二位ワシントン、三位F・ローズベルト、そして四位ジェファーソンである。
（33）Eisenhower, *op. cit.*, p.xxvi.
（34）ヘンリー・デイヴィッド・ソロー、ジェイムズ・ラッセル・ローウェル、ラルフ・ウォルド・エマソンらが米国による米墨戦争を批判している（アーサー・シュレジンガー Jr.（藤田文子、藤田博司訳）『アメリカ大統領と戦争』岩波書店、二〇〇五年、九二、九三ページ）。
（35）Richard Griswold del Castillo, *The Treaty of Guadalupe Hidalgo: A Legacy of Conflict*, University of Oklahoma Press, 1990, p.7.
（36）「序」で言及したアイゼンハワーの著書のタイトルの元となった"Poor Mexico, . . ."は、これの英語訳である。また、この言葉を発したメキシコ大統領は、第二章および第五章で登場するディアス（Porfirio Díaz）である。

第二章

国境の移動に翻弄されたメキシコ人

一・「メキシコ野郎を吊るしちまえ」

一八五〇年代の初め頃のこと、まだ暑い夏の午後、名もない北部の鉱山町で、ある男が、自分の二頭のロバと一頭の馬の行方を、足跡を辿ることで追っていて、一人の人間の足跡が拍車の跡とともに、そのロバと馬の後に続いていたことに気付いたとして、町に戻り、酒場にたむろしていた連中に、自分が思うには「メキシコ人が馬とロバを盗んだ」と話した。

そのような話は酒の肴となり、「どうだ、みんな」と親分気取りの一人が切り出した。「そのグリーザー（メキシコ野郎）[1]をよ、いきなり撃っちまうってのは、うまくない。そいつにも公正な裁きってのを受けさせてな、それから法の尊厳の下で縛り首にしてやろうぜ。せめてな」と持ちかけた。そのもっともらしい提案に皆が乗り、再び飲んでは「グリーザーをやっちまえ」と騒いだ。

彼らがベランダに行くと、一人のメキシコ人が拍車の音を立てながら、陽気にワルツを口笛で吹き吹き、坂道を歩いてくるところであった。先の提案をした輩が「あいつだ」と呟いた。皆に飛びかかられ、抵抗したが、そのメキシコ人は手足を縛られて酒場に転がされた。「縛り首だ」「グリーザーは焼いてしまえ」などとの面白半分の罵声は、幸いにしてスペイン語しかわからない彼には通じなかった。すぐに外で陪審員が集められたが、その中には、否応なしに引き受けさせられた私の友人も含まれていた。そして、群衆は拒む者がいても有無を言わせず、陪審員たちを酒場の中に入らせた。

簡単な事情説明の後、群衆は広いポーカー・ルームに陪審員を押し込んだが、そこにはきれいな緑色のテーブルの周りに椅子が並べられていた。酒場の、その部屋の外の騒音は次第におさまり、そして一旦は完璧に静まったが、遠くからどんちゃん騒ぎの音が届いていた。

その騒ぎが近づいてくると、酒場は再び人の笑い声とグラスを合わせる音で賑やかになっていた。陪審員の入った部屋のドアがノックされ、鍵が開けられ、上機嫌の男たちが評決を尋ねた。代表が「無罪」と答えた。

落胆の悪罵が飛び交い、男たちはピストルを握って、「もっとましにできないのか!」と叫んで、ドアを閉めてしまった。三十分ほどして親分気取りがもう一度ドアを開けて、「お歴々、今度はどうだね」と言った。

「有罪！」

「よろしい！　それなら、出て来てもらおう。何しろ、我々は一時間も前にヤツを縛り首にしてしまっているんで」

陪審員は「的確に」任務を果たした。そして数分の後、あたりは元の閑けさを取り戻したが「これで、メキシコ人は白人の馬には、金輪際、手をつけなくなるだろう」と、そこかしこで「肯かれた」。こういった見せしめの方が、見つけた時にいちいちメキシコ人を締め上げるよりも効果があると、まことしやかに語られていたものだった。

夕暮れ時、酒場の男が、店を閉めてポーカー・ルームの裏手を掃いている時に、いなくなったはずの馬が樫の木陰で眠り、二頭のロバがトランプのカードをむしゃむしゃ噛んでいるのを見つけて、しばし仰天した。そして、その馬とロバが朝からずっとそこにいたことを思い出したのであった。(2)

これは、一八五〇年代前半のゴールド・ラッシュのカリフォルニアで実際に起こったことを、当時の人が綴ったものである。白人所有の家畜がいなくなったのを、メキシコ人が盗んだと決めつけ、たまたま通りがかったメキシコ人を犯人に仕立て上げ、縛り首にしたが、実は、家畜は盗まれてなどいなかったという、ひどい話である。数年前までメキシコ領だった土地に、金鉱目当ての、いわゆるフォーティーナイナー（fortyniner　ゴールド・ラッシュの起こった年、一八四九年に由来）と呼ばれた白人が群がり、米国による統治が行き渡る前の出来事ではあった。そもそも存在しなかった犯罪の、その犯人に誰かを仕立て上げた挙句に殺してしまうという、あまりにも理不尽、無軌道なこの事件は、フロンティアの時代の無法地帯の話であるから、その無法ぶりを物語る数あるエピソードのひとつに過ぎないかもしれない。しかし、その頃、旧メキシコ領の米国南西部では、必ずしも無法地帯でないところでも、メキシコ人は法の庇護を受けられなかった。

二．メキシコ人に法的庇護なし

前章で触れた、十九世紀半ばに米国領となった旧メキシコ領には、当然ながらメキシコ人が住んでいた。その数については、確たるものはないが、概ね十万人前後ではなかったかと云われている。彼らの身分については、米墨戦争後の講和条約たるグアダルーペ・イダルゴ条約の第八条、第九条が以下のように定めていた。

第八条

以前メキシコに属し、また当条約に定められているとおり将来は米国領となる地域を生活の基盤としているメキシコ人においては、その人々が現在住んでいるところに住み続けるか、メキシコ共和国に移住するかの選択は自由であり、また、現居住地に所有する財産を保持するも、その地で処分し収益を移動するも可であり、後者の場合、如何なる課税、課徴の対象ともならない。

上記地域に留まることを望む者はメキシコ国民としての諸権利を保持することも、米国民としての諸権利を獲得することも可である。但し、その者は、その何れを選ぶかの選択を、当条約の相互の批准交換の日から一年以内に行なわなければならない。また、その地に留まる者は一年経過の後、メキシコ人たるの意向を表明しなければ、米国民となるを選んだものと見做される。

上記地域において、同地に定住しないメキシコ人の所有であるあらゆる種類の財産は侵されることなく、尊重される。その所有者やそれを相続する者、また契約によりそれを今後獲得する全てのメキシコ人は、その所有について、米国民により所有されたものであるのと同じく厚い保護を享受する。

第九条

上記地域（訳者注　第八条冒頭で定められた地域）において、メキシコ共和国の市民権を保持しないメキシコ人は、前条の定めるところに従って米国に編入され、然るべき時に（米国議会の議を経て）憲法の原則に則って米国市民としての諸権利の享受を認められ、また同時に自身の自由と財産は維持かつ保護され、信仰活動の自由を制限なく保障されることとなる。(3)

これらは殆ど空文であり、斯様にグアダルーペ・イダルゴ条約で保障されていたメキシコ系住民（以下、メキシコ系と記す）の権利は、信教の自由を除いては守られなかった。同条約発効後、メキシコ系の土地は露骨な、時に巧妙な手段によって米国人（正確には非ヒスパニック系白人。以下アングロと記す）のものになっていき、また、羽振りの良い商売はアングロに横取りされ、法はそのような被害者を救うものではなかった。グアダルーペ・イダルゴ条約が種々保障していたにも拘わらず、メキシコ系は異国の文化、言語、法体系を押し付けられ、さまざまな法的あるいは超法規的なメカニズムを駆使されては、土地やその他の所有物を収奪されたのだった。挙句の果ては司法の場において、アングロ用とメキシコ系用の、ダブル・スタンダードがまかり通るようになり、その意味でも受難を強いられるのであった。(4)

そのダブル・スタンダードにおいて、常に、正義はアングロにあった。十九世紀後半、ハリウッドの西部劇の舞台となった時代の米国フロンティアにおいては、アングロが他者（先住民など）を実質的に支配し、「他者がアングロの暴力の犠牲になる」という構図が存在した。その構図において、アングロのヒーローが彼らの「正義」に基づいて活躍するのが、かつての西部劇であったともいえる。この「正義」こそ、自身がメキシコ系の社会学者であるミランデが、その著書、*Gringo Justice*(5)のタイトルとして用い、検証した、グリンゴ・ジャスティス（米国人の正義。グリンゴとはメキシコなどスペイン語圏で米国人を指す俗な呼び方）といえよう。

前段に挙げた構図において、アングロのヒーローに成敗されるのは往々にして、実はアングロの横暴の被害者であって、法の庇護の対象者であった。その最たるが、その舞台となった土地の元々の主というべきアメリカ・インディアンと呼ばれる先住民である。かつて全国に遍く居住していた先住民は、今日、限られた特別保留地に押し込められているが、そうなるに至った過程を辿れば、それはアングロによる暴力の歴史そのものであった。「よいインディアンとは死んだインディアンだ」(6)との米国軍人の言葉は、当時の米国の対先住民観を如実に物語っていよう。

米国南西部でのアングロの暴力の犠牲は、アフリカ系にも及ぶ。アフリカ系への暴力は、特に南北戦争を機に活発化し、とりわけテキサスで著しかった。それは同州が奴隷州であり、また一八六〇年に奴隷廃止論者による暴動計画が発覚したことにもよる。(7) 当時の調査によると、一八六五年から翌年の一年間で少なくとも三百七十三人の自由民となったアフリカ系が暴徒からリンチを受けたとされている。(8) また、「一八六七年に、ある白人が、手にしていた馬車の鞭を黒人がじっと見たというだけで、その黒人を殺した」(9) などという具体例も報告されている。

アングロの暴力の対象は、先住民、アフリカ系に止まらず、やがて中国人、そしてメキシコ人もその対象となる。(10) こうした暴力の背景には、差別と人種偏見がある。先住民、アフリカ人、そして中国人はアングロにとって明らかに異文化の人であり、また異人種であった。メキシコ人もまた、異文化の民であった。人種としては、前三者のように単系ではないが、決してアングロの差別を免れる構成ではなかった。メキシコ人は主として、先住民とスペイン人の系統から成り立っており、先住民は云うに及ばず、スペイン人という要因もアングロに好まれるものでなかった。ある研究者（デレオン）によれば、当時のイギリス人は、スペイン人をカトリックであるがゆえに嫌悪し、また、残酷で野卑な人々と捉え、さらに、彼らがイベリア半島において北アフリカ人と混血していることも問題視していた。(11) これはイギリス人の対スペイン人観であり、米国南西部に進出したアングロが、必ずしもこのようなイギリス人的対スペイン人観をもっていなかったとしても、どの道、メキシコ人は蔑まれるのである。アングロは、先住民と対峙し、そしてアフリカ系を奴隷として扱う中で、白人でない人々をネガティヴな存在と捉えることが当然になっていたからである。(12)

三．テキサス・レインジャー

テキサスにおける法の執行官、テキサス・レインジャーは、テレビ・ドラマなどで正義のために闘うヒーローとして描かれるが、[13] その正義とはアングロにとっての正義であり、メキシコ系にとっては不正義ともいえるものであった。西部劇の舞台となった時代のメキシコ系にとって、レインジャーは法の衣を纏う「ならず者」であった。[14] メキシコ系の受難は、ひとりテキサスに限るものでなく、ニューメキシコやカリフォルニア等でも、メキシコ人はアングロによる不当行為の犠牲になっていた。しかし、テキサスには他にはない因縁があった。

前章で辿ったとおり、テキサスは一八三六年に独立を宣言し、一八四五年に米国に併合されるが、メキシコは一八四五年までその独立を承認していなかった。テキサスの南限については、リオ・グランデ（川）と主張するテキサスと、同川より北を流れるヌエセス川との立場を取るメキシコの間に不一致があり、仮にメキシコがテキサスの独立を認めても、両者の間には係争の種があった。両川の間の領域は、メキシコにとっては自国領であり、その地域には一八三六年のテキサス独立後もメキシコ人が集中して住んでいた。[15] そのような因縁もさることながら、米国が力尽くでメキシコから奪取したニューメキシコ、カリフォルニアでは、米国人の多くが米国領となってから住みついたのに対し、テキサスでは、メキシコ領時代から既に、米国人がメキシコ人より多く住むようになっていたのであり、メキシコとメキシコ人に対し反発した人々が、メキシコに叛旗を翻したのであった。その土地がメキシコ領でなくなってからは、メキシコ人は、かつての国家の庇護を失ったうえ、自分たちを蔑む人々の支配に甘んじることになっていたのである。

前出の研究者、デレオンは「テキサスにやってきたアングロ入植者は、米国から、ある見方を持ち込んでいた。メキシコ人は文明的に劣った人々であるとの見方である。それは、カトリックやスペイン人に対するゼノフォビア的なものから、インディアンやアフリカ系への人種偏見までを含む。そのため、メキシコ人は、カトリックであるがゆえと、さらにスペイン人、インディアン、アフリカ人の血を引くものとしてと、二重に疎まれるのである」(16)としている。テキサスにはメキシコ独立以前にスペインから得た入植許可によって、アングロが一八二一年に入植を開始する。初期はともかく、一八二〇年代後半の入植者の多数が、メキシコが入植者に課した条件など守る気のない、テキサスにおける身分そのものが不法な人々であり、課せられながら守らなかったルールの最たるもののひとつが、奴隷の使用禁止であった(17)。もとよりメキシコ人を蔑むアングロの中でも、禁止されながらもアフリカ系を奴隷としていたような質《たち》の悪い、テキサスのアングロが、もしその土地がメキシコ領でなくなったら、メキシコ人に対しどのように振舞うかは、推して知るべしである(18)。

実際、テキサスは独立し、やがて米国領となる。メキシコ人を蔑んでいた人々が独立戦争の勝者となり、さらに米墨戦争の戦勝国の国民となったのである。その敗者にして、米国領となった従来からの居住地に留まった、蔑まれていた人々の嘗めさせられる辛酸は、世の敗戦国国民の悲哀の常を、決して下回るものではなかったと思われる。彼らは、アングロによってグリーザーなどと蔑称され、諸権利を蹂躙され、暴力の餌食ともなるのである。法治国家であれば、国民が不当な目に遭った時、法の執行官が不当な行為を働いた者を捕らえ、処罰する。しかし、新たに米国領となったテキサスでは、メキシコ人が被害にあっても加害者は必ずしも罰せられず、さらには法の執行官、即ちテキサス・レインジャーが、権力を振りかざしてメキシコ人を抑圧した。

テキサス・レインジャーにとっての法は、「アングロによってアングロのためにつくられた」[19]ものであった。また、彼らはアングロの財産を守るために活動し、テキサスの牧場から盗まれたと思われる馬や牛を取り戻すためなら、メキシコ領内にも入り込み、さらに自由を求めてメキシコに逃げ込んだ逃亡奴隷を連れ戻すために、やはりメキシコ領に踏み入るのであった。[20]アングロの番人たる彼らの非道は、それを告発する報告書が一九一九年に州下院議員によって作成されるほどで、その報告書においてレインジャーは、殺人、市民脅迫、拷問および残虐行為、被疑者への不当行為を行なったことが告発され、また、無能、法律無視を指弾されている。[21]

しかし、テキサス・レインジャーはアングロにとってはヒーローであった。テキサスの地元紙はこぞって彼らを賞賛した。[22]そして、そのヒーローたるは、テキサスの範囲のみに留まるものでなかった。彼らは伝記や小説、さらには唱歌を通じて、そして後には映画、テレビによって、正義の味方として広く国民の間に浸透していった。また、彼らが歌に歌われ、映画に描かれる事によって、彼らのイメージだけでなく、テキサスで一般的な、先住民やメキシコ人に対する偏見が広まり、それはヨーロッパにまで及ぶこととなった、とも云われる。[23]

国境域のメキシコ人の受難を題材とするコリード（民謡）の研究で名高いパレーデスは、自身が当事者から直接聴取した話として、次のような出来事について綴っている。

「一九五四年にブラウンズヴィルのホセフィナ・フローレス＝デガルサ夫人が、一九一五年にレインジャーが起こした流血沙汰の犠牲者としての心の内を自分に語ってくれた。彼女は当時十九歳の娘で、二人の十代の弟、それに、さらに年少の何人かからなる兄弟の最年長であった。一家はブラウンズヴィルの北方にあるハーリンゲン近くのランチョ（農牧場）に住んでいた。レインジャーの「襲撃」が始まった時、ランチョの他の住人は町に避難した。フローレス家の父親は子供たちに『悪いことをしていないのだから何も恐れることはない』と言って、逃げようとしなかった。

ある日レインジャーがやって来て、家を取り囲み、離れの小屋を探索した。一家は母屋に佇んでいた。やがてレインジャーが主を外に呼んだ。父親が玄関に行くや、レインジャーは彼を撃った。二人の男の子が駆け寄り、倒れた父親にすがろうとした時、彼らも射殺された。レインジャーは家の中に入って来て、中を見渡した。一人が食肉の塊を見つけ、気に入ったようで、それを摑むと、すぐに皆、出て行った。」(24)

この話はさらに続き、「他の情報源から知ったことだが、その時のショックで、ホセフィナは一時的に気が狂ってしまった。母親は二日間というもの、自分の夫と息子の死体と発狂した娘とともに、虐殺で流された血に染まった家の中で過ごした。そうこうするうちに米国陸軍の一隊が襲撃者を探して通りかかった。軍は死体を埋葬し、残った家族を町に連れて行ったのだった。

しばらくして、娘は正気を取り戻したが、今でもその殺戮について話すと著しく動揺する。さらに、四十年も経過していながら、自分が何かレインジャーについて批判的なことを言うと彼らに危害を加えられるような恐怖に苛まれているようである。まさしくレインジャーのテロルが平和で無辜《むこ》の民に牙を剝いたのであった。」[25]

右記は数少ない例を殊更に取り挙げたものではない。テキサス・レインジャーのこのような「武勇伝」は枚挙に暇がない。[26] フローレス家の父親が言ったように「悪い事をしていなければ何も恐れることはない」筈であるが、それはまっとうな相手に対して言えることであった。法の執行官であれば、不法を取り締まりこそすれ、自らが不法を行なうとは通常は考えられない。法の執行官の暴力は、時として、ただの暴力よりも悪辣である。その暴力には権力が伴うからである。銀幕のテキサスのヒーローは、メキシコ人にとっては権力を振りかざして「強きを助け弱きを挫く」者であった。「背後から撃つ」、「先ず撃って、それから尋問する」[27] けっしてスマートでない存在であり、恐怖の対象でさえあった。メキシコ人は彼らのことをリンチェと呼ぶが、この言葉は「良い子にしていなさい（そうでないとリンチェが来るよ）」という意味で、子供を叱る時に用いる言葉になっていたという。[28] メキシコ系の歴史学者としては穏健派で、メキシコ系とアングロとの対峙関係を声高に強調しないゴンザレスにしてからが、次のように述べる。「南テキサスにおける人種的征服は、大人数を巻き込む暴力を伴うものであった。メキシコ人所有の不動産の強奪は、往々にして物理的襲撃の結果によった。テキサス・レインジャーは……メキシコ人嫌いであったため、状況を悪くするためにのみ出動し、その不平等な法の執行は国境の両側で憎悪の炎を燃え上がらせるばかりであった。」[29]

憎悪に燃えるメキシコ人は、抵抗しないわけではなかった。抵抗した者、そしてその抵抗そのものはコリードにも歌い継がれているが、最も有名なものに数えられるのが、以下に紹介するコルティィーナ（Juan Cortina）とその所業であろう。

四．コルティーナの叛乱

ことの起こりは、一八五九年七月十三日、ブラウンズヴィルでの出来事である。市警署長スピアーズが、酔ったメキシコ人を容赦のない暴行を加えた上で逮捕した。そのメキシコ人が、以前自分の家で働いていたカウボーイであるとわかると、コルティーナはスピアーズに抗議したが、罵り合いとなり、挙句、コルティーナはスピアーズの肩を撃ち、カウボーイを自分の馬に乗せ、町を出た。(30) 一旦メキシコ側に逃れたコルティーナは二ヵ月後に六十余名の手勢を率いてブラウンズヴィルに現れ、獄中にあったメキシコ人を全て解放し、不評の商人の店舗を襲撃し略奪を行なった。また、メキシコ人を殺しながら罰せられずにいた、三人のアングロと一人のメキシコ人を殺したのであった。

コルティーナは、市の有力者たちから退去を促されたが、声明を発表し、それまでに同胞が被害者となった暴虐をあげつらい、社会正義の確立のために闘い続けることを宣言した。しかしながら、同市のメキシコ系住民からの要請を受けて、彼は矛を収めることとする。その後、どのようなことがあっても彼は行動を起こさなかったが、それはカブレラという自分の腹心が市警察に逮捕されるまでのことであった。彼は配下を結集すると、カブレラが釈放されなければ町の破壊も辞さずとした。それに対し、対米関係の悪化を避けたいメキシコ政府から派遣された部隊と地元のアングロの連合軍が立ち向かったが、完敗を喫し、コルティーナはブラウンズヴィルを制圧する。(31)

ここで、テキサス・レインジャーが登場するが、それは事態を悪化させるのみであった。ブラウンズヴィルの当局者がカブレラに対して公正な裁判を保証していたにも拘わらず、レインジャーは彼を絞首刑にしてしまったのである。コルティーナは新たに声明を発表し、攻撃を再開する。一般市民もレインジャーには協力せず、コルティーナ側に物資の支援をした。コルティーナの声明と行動は国境域の住民の共感を勝ち取り、その支援と、引き続く軍事的衝突における勝利により、彼はその年が暮れるまでリオ・グランデ地域の覇者として君臨した。[32]

しかし、一八五九年十二月二十七日、米国陸軍がコルティーナ討伐に到着し、レインジャーと共に叛乱の鎮圧に乗り出す。戦闘は翌年まで続くが、コルティーナは追い詰められてメキシコに逃れ、半年に及ぶ叛乱は終結する。後に残ったものはレインジャーを中心とするアングロの、メキシコ人への報復テロであった。また、コルティーナを追ってメキシコ領に進撃したレインジャーは、そこでも暴虐を働き、国境の何れの側でも、メキシコ人はレインジャーの犠牲となった。[33]

この出来事を研究したローゼンバウムという研究者は、アングロはコルティーナを盗賊と呼び、彼らにとってその叛乱は、略奪を好み、私怨を晴らしたがる邪悪な人種の属性に帰するものであったとし、さらに、支配する者は、その支配構造を当然のものとし、不満分子に生物的もしくは倫理的欠陥を当てはめようとするものだ、としている。[34] コルティーナの行動の端緒はともかくも、その二回にわたって発表した声明において彼は、叛乱の目的が私怨や略奪目的に矮小化されるものでないことを明言している。また、その声明において彼は、支配される者たるメキシコ人が遍く抱いていた主たる不満を三点、即ち、法の悪用もしくは脅しによるメキシコ人所有地の収奪、メキシコ人を殺した者が罰せられないこと、そしてアングロのレイシズム（人種差別志向）の傲慢さ、を挙げている。[35]

一方、メキシコ人にとっては、云うまでもなく、コルティーナは国境をまたいでのヒーローであった。対米関係上、討伐軍さえ送ったメキシコであったが、彼は後にその国軍の准将に任じられ、一八六二年には対フランス戦争に参加している。また、何故か米国の南北戦争時には、テキサスで北軍の傭兵として戦ったという。さらに後にはテキサスと境を接するコアウイラ州の知事を務めている[36]。アングロにとっての盗賊は、メキシコ人のコリードに歌い継がれ慕われている。そのひとつを挙げる。

Ese general Cortina
Es muy libre y soberano,
Han subido sus honores
Porque salvó a un mexicano

かのコルティーナ将軍は
自由の士にして崇高
その誉れ輝きを増すばかり
同胞救ったれば[37]

五．サンディエゴ計画

コルティーナの叛乱以降もメキシコ人の受難は続き、それゆえの抵抗活動も大小様々な形で行なわれる。一八七七年にはエルパソ近くで、岩塩の採掘をめぐる利権漁りの被害者となったメキシコ人が抵抗し、テキサス・レインジャーによって封殺されている。また、他州のことながら、一八八七年には隣接

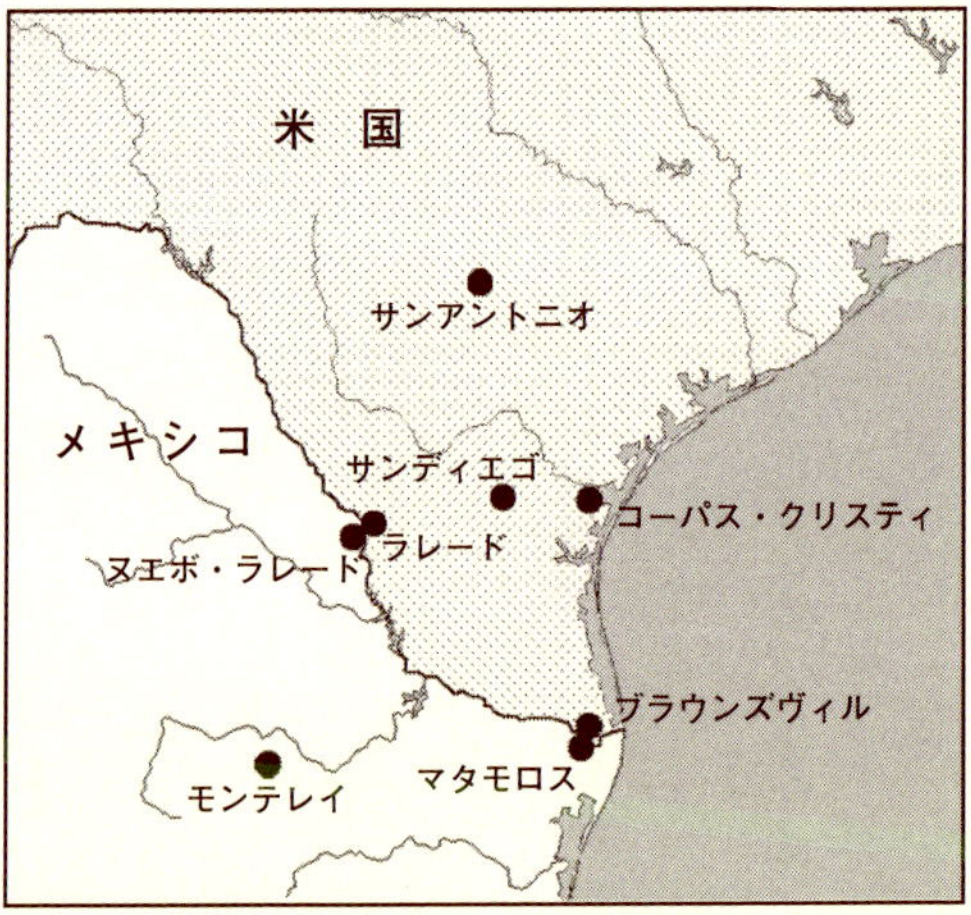

図5　サンディエゴ計画

のニューメキシコ州北部で、アングロによる土地侵蝕に抗うべく、「白帽子」(Las Gorras Blancas) と呼ばれるグループが抵抗活動を行なう[38]。

ニューメキシコ州のラスベガスという町で、一八八七年十一月に六十六名によって始まった、この、アングロの土地のフェンスを破壊するという抵抗活動は、支持者を増やしつつ[39]、翌年三月にはサンタフェ方面にまで広がっている。そして、破壊の対象を鉄道に拡大し、また人民党という政党の設立に参画することで政治への進出も図られる。しかし、「白帽子」は、鉄道会社からの締め付けによって失業した労働者の反感を買うに至り、また党内での不協和音が高じた人民党自体が、一八九四年には消滅する。それでも、フェンスの破壊は一九二六年まで続いたという[40]。

他州の例ではあるが、「白帽子」による抵抗は、当初から組織だったものであり、また、コルティーナの叛乱などの政治色の薄い先例と比較すると政治的であったが[41]、二十世紀に入ると、テキサスで、まさしく政治的な、そして組織立った抵抗活動が出現する。「サンディエゴ計画」(Plan de San Diego) の名の下で行なわれた活動である。それは、一九一五年一月二十四日、リオ・グランデ沿いの町、マッカレンで逮捕された一人のメキシコ人からの押収物の中に、同年一月六日にテキサス州サンディエゴで署名されたという、その計画書が含まれていたことにより発覚する。[42]「我々、テキサス州サンディエゴの革命計画に、署名の上、参画する者は、この文書に定められた全ての項目を達成すべく、また全ての項目が達成されるべく努める……」云々の前文で始まるその計画書は十五項目（以下に掲載）から成るが、それは、米国にとって看過されざるべき内容を含んでいた。

一、一九一五年二月二十日午前二時、我々は合衆国およびその政府に対し武器をもって蜂起し、往時より我々に邪悪な隷属を強いてきたヤンキーの圧政からの黒人種の独立とその個々人の自由を宣言する。同時に、かつ同様にメキシコと境を接する諸州の独立と分離も宣言することとなる。その諸州とは、テキサス、ニューメキシコ、アリゾナ、コロラドおよびアルタ・カリフォルニアで、メキシコ共和国が北米帝国主義に不正極まりない手段によって奪われた領土である。

二、前項で述べたことに実効あらしめるべく、サンディエゴ最高革命評議会と称される軍指令部の指揮の下に、然るべき軍団が形成される。同評議会は、その軍団の頭目となるべき最高責任者を任命する絶対的権限を有する。我々の軍事行動を導く軍旗は赤地に白の斜線があしらわれ、「平等と独立」(Equality and Independence) と染め抜かれたものとし、成員はそれ以外の旗（連絡用の白旗のみが例外）を使用することは許されない。軍は「人種および人民解放軍」(Liberating Army for Races and Peoples) の名をもって知られるべきとする。

三、より好ましい成果をあげつつ闘争を続けるための補給が（我々の大義に）なされるべく、指揮官は占領することを割り当てられた町で、武器と資金の調達に最善を尽くす。
四、何れかの市を占領した暁には、秩序の維持と革命運動への支援がなされるべく、市当局者を司令官は速やかに任命する。我々が解放の努力を傾ける何れかの州の州都を占領した暁には、他の市の場合と同じ方法、目的によって、さらに上級の当局者が任命される。
五、市民、兵員を問わず、捕虜にすることは固く禁じられる。彼らと交渉することが認められるのは、彼らに資金援助を要求する絶対的必要がある場合に限られ、その要求の首尾如何に拘わらず、交渉後速やかに、如何なる名目もなくして、彼らは射殺されなければならない。
六、武器所持が判明し、武器所持の正当性を証明し得ない者は、人種、国籍に拘わらず、即座に処刑されなければならない。
七、十六歳以上の米国人は全て殺すものとし、老人、女性、子供のみ尊重する。しかし、我が民族への裏切り者は、尊重も助命もされない。
八、アリゾナのアパッチ、および当該領内のインディアンには、我々の大義への同調を期し、あらゆる保障が与えられ、奪われた彼らの土地は彼らに返還される。
九、我が軍に属する者の任務および階級は、全て幹部団によって検証（認定）される。我が軍とは別個の共闘関係組織の指揮者の階級、そして我が軍に加入する者の階級も、同様にして認定される。
十、我々の闘争が力を得、前記諸州を支配した暁には、その諸州を独立した共和国とする。その後、得策と考えられるなら、メキシコへの併合を要求するが、その場合、祖国となる国の運命を左右する、政府の形態については関知するものでない。

十一、我々が黒人の独立を勝ち取った時には、彼ら自身が旗印の選択をできるものとし、彼らが前記諸州と接する合衆国の六つの州を獲得することを支援する。黒人は、その六州をもって共和国を形作り、独立を達成するものとする。

十二、リーダーは誰であれ、我々の行動は兵営なき戦争であることを肝に銘ずるとし、最高幹部会の判断を仰がずして敵と如何なる約定を交わすことも許されず、またラティーノ、黒人、日本人以外の如何なる者も部隊に登用することは出来ない。

十三、当軍団に属する者（もしくは後に属することになる者）は、我々の大義が勝利した暁に、上層部に背を向けること、また我々が成し遂げたものを破壊しようとする者に与《くみ》することは許されない。

十四、各地域（委員会）は可及的速やかに代議員を任命し、代議員は当革命行動の常任幹部会設立のため、予め設定された時期と場所における会議に参加するものとする。その会議において、常任幹部会の権限および任務が詳細に決定され、また当革命プランが検証もしくは修正される。

十五、当行動に参加する者には、我々が黒人独立を御旗に掲げるということ、さらにメキシコ政府から物心何れもの支援を受けないということが、了解されている。また同政府は、当運動に如何なる顧慮を付す必要もない。(43)

実行予定日の約一ヶ月前に発覚した、この「十六歳以上の米国人は全て殺す」という計画を当局は警戒し、米国陸軍はリオ・グランデ地域のパトロールを強化した。計画に定められた一九一五年二月二十日が近づくにつれ緊張が高まったが、当日は、新たな声明が発表されたものの、物理的には静かに暮れた。その声明「アメリカの抑圧されたる人民へのマニフェスト」(Manifesto to the Oppressed Peoples of America) は、先の「サンディエゴ計画」を踏襲しながらも、プロレタリアへの耕作地の配分、人種憎悪の根絶、肌の色や階級を超えて、子供たちが「普遍的な愛」が規範となる社会建設に向けて勉強する学校の創設、などが謳われ、さらに戦術的またイデオロギー的に特化したものであったと評価される。(44)

テキサスのアングロには「メキシコ人の有象無象」が叛乱を考えるなどということは信じがたいことではあった。何事もなく春が過ぎ、夏に至っても平穏に思われた。しかし、七月四日、叛乱は開始される。その日、四十名から成る叛徒がリオ・グランデの南から渡河越境し、国境近くのランチョで二人のアングロの男を殺害したのだった。これを皮切りに、叛乱者は、鉄道妨害、ランチョ襲撃などの破壊工作を、その年の十月末まで繰り返す。その後止まった叛乱行動は、翌一九一六年の五月五日に再開されるが、六月中に終結する。(45)

この叛乱は、テキサス南部のアングロをパニック状態に陥れる。彼らは自警団を形成し、メキシコ人を即決裁判方式で取り締まり、また、テキサス・レインジャーによる報復も素早かった。軍は、当初は積極的でなかったが、やがて事態の深刻さを認識し、連邦陸軍、テキサス・レインジャー、警察、そして自警団が、叛乱者に立ち向かった。また、結末の時期にはヴァージニアなど十州の民兵が、リオ・グランデ地域に展開された。(46)

この叛乱におけるメキシコ人の死亡者数は定かではないながら、最小でも五百、最大では五千と云われ、それに対しアングロの側の被害は一般人の死者六十二名、兵員の死者六十四名であったとされる。(47)

アングロの逆襲、報復の程が窺われる。特にテキサス・レインジャーによるものの、その凄まじさについては、数々の事例が報告されている。[48]また、叛乱開始後、テキサス南部においては、メキシコ人労働力の流失著しく、深刻な労働力不足を来たし、リオ・グランデ地域の市長たちが、「よいメキシコ人」の保護を訴えざるを得ないほどであった。[49]

六．サンディエゴ計画とメキシコ、そしてドイツ

テキサスで「サンディエゴ計画」の名の下での叛乱が起こったのは、メキシコが、そして世界が大きく動いている時であった。「計画」が発覚し、実際に叛乱の起こった一九一五年といえば、前年にヨーロッパで第一次世界大戦が勃発しており、また、メキシコは一九一〇年に始まったメキシコ革命の只中にあった。この、メキシコの国内事情、そして世界規模での情勢が、陰に陽に「サンディエゴ計画」に関わっていた可能性が研究者によって取り沙汰されている。特に、メキシコ革命の関わりは、かなり直接的なものであったように思われる。

メキシコでは、一八七六年から続いていたディアス大統領（Porfirio Díaz）の独裁[50]を終結させるべく立ち上がった者たちと、その継承者による革命運動が一九一〇年に起こり、翌年、ディアスを政権の座から放逐した。その後も多元的な敵対関係が絡んだ、革命の名の下での戦乱状態が続いたが、

一九二〇年までに一応の結着を見る。[51] 革命において、先ず、ディアスを倒して政権の座に就いたのはマデロ（Francisco Madero）であった。そのマデロを裏切る反革命によって権力を奪取したのがウエルタ（Victoriano Huerta）、さらに、ウエルタを討って大統領となったのがカランサ（Venustiano Carranza）、そして一時はその同調者であったのがオブレゴン（Álvaro Obregón）、サパタ（Emiliano Zapata）、そしてビジャ（Francisco Villa）であった。このうち本節に関わるべきはウエルタ、カランサ、ビジャである。

「サンディエゴ計画」におけるメキシコ革命の思想的影響は大いなる検討課題であるが、思想的というほどのものでなくても、同革命に登場する「勢力」の幾つかの「派」が「サンディエゴ計画」に関わりをもったことは否めない。一九一五年にテキサスで逮捕され、その所持品から「サンディエゴ計画」が明るみに出ることとなった人物、ラモスなるメキシコ人はウエルタ派に属していた。仮にウエルタ派が「サンディエゴ計画」を操っていたとしたら、その狙いは何であっただろうか。その当時、権力は既にカランサに移っていた。メキシコの権力闘争において米国の支持は重要であり、カランサ政権下のメキシコが米国を脅かすことになれば、その政権を米国が承認することの阻害になるというのは、考えられることである。それは反カランサ派に好都合であり、ウエルタ派が望んだとしても不自然ではない。[52]

しかし、ラモスは釈放後メキシコ側の町、マタモロスに逃れ、そこでウエルタ派ならぬカランサ派によって厚く迎えられたという。その後、一九一五年六月から十月にかけて「計画」は実施され、十月に停止するが、その停止は、米国によるカランサ政権の事実上の承認と時期的に一致する。「計画」とカランサの関わりをにおわせる事実である。米国のカランサ承認は、「サンディエゴ計画」による騒乱は鎮めたものの、米国人に対するメキシコ人による新たなゲリラ的攻撃を招来する。その承認によってカランサをメキシコの権力闘争において圧倒的優位に立たしめた米国に対し、カランサと既に敵対関係にあったビジャが反発し、行動を起こすのであった。(53)

ビジャ派は、一九一六年一月、メキシコ国内（チワワ）で米国人を襲い、さらに同年三月には越境してニューメキシコの町を攻撃する。これに対し、米国はビジャ掃討のために軍隊をメキシコに派遣するが、カランサは、すぐには敵対していたビジャを米軍と共に討つ挙には出ず、米軍のメキシコ駐留が拡大するに至って、漸く米国と共同の軍事行動を考えたと云われる。カランサのその戦略に呼応して、再びテキサスで、メキシコ人による襲撃が一九一六年五月に再開される。再選を狙う当時の米国大統領ウィルソン（Thomas Woodrow Wilson）の足下を見た戦略であり、第一次世界大戦への不介入を、一期目の成果として強調したい彼としては、メキシコとの戦争も避けなければならなかったのである。カランサは、五月に始まったテキサスにおける襲撃を、翌六月にストップさせ、その引き換えに、米軍をメキシコから引き揚げさせたといわれる。(54)

「サンディエゴ計画」には、さらに見逃せない政治的背景があった。ドイツの暗躍である。第一次世界大戦の開戦に至り、ドイツにとっては米国を参戦させないことが至上命題であった。そこで、米国がヨーロッパ戦線に軍隊を送る余裕のないよう、同国がメキシコの憂いに忙殺される事態の招来を画策する。ドイツが先ず目をつけたのは、革命派に敗れ、亡命生活を余儀なくされていた前大統領、ウエルタであった。ウエルタはその反米姿勢で知られ、ドイツは彼に、メキシコでの復権を支援することをもちかけ、行動を起こさせる。スペインに亡命していた彼は、先ず、米国入りする。米国入りを果たした後、米国在住の反革命派のメキシコ人と合流し、メキシコでの行動を起こす計画であった。しかし、一九一五年六月、ウエルタは国境までは行ったものの、米国によってその先の行動は阻止され、ドイツの野望も一旦は露と消えた[55]。

ウエルタを担ぎ上げての企ては失敗したものの、メキシコを利用して対米妨害工作を行なうことを、ドイツは諦めなかった。ビジャに接近し、武器を提供する。そして、米国の友邦、英国への石油供給基地であった、メキシコのタンピコの占領を唆す。しかし、ビジャはそれには応じず、ドイツは戦略を練り直す。次なる標的は、ウエルタの仇敵、そして、ビジャも既に袂を分かっていたカランサであった。カランサにとっては、敵であるウエルタを支援したドイツではあったが、米国との関係をめぐっては、ドイツは利用価値があり、同国からの接近は拒むべきものではなかった。その反米的でナショナリスティックな政策ゆえ[56]、米国との軋轢を生んでいたカランサ政権にとって、米国への牽制の意味で、ドイツとの関係強化は好ましいことであった。しかし、ドイツによるメキシコへの肩入れは米国を苛立たせはしたが、ドイツの所期の目的は果たされず、やがて米国は第一次世界大戦に参戦し、ドイツは敗北するのであった[57]。

「サンディエゴ計画」について語るには、本章は余りにもその皮相を追っているだけであろうが、この章を閉じるにあたって、一応の総括を試みる。同「計画」の目的は、一九一五年の宣言によれば、米国のメキシコ人を、先住民、アフリカ系と共に解放し、米国人に鉄槌を浴びせることであった。十六歳以上の全ての米国人成人男子を殺害し、米国内のメキシコ人、先住民、アフリカ系にホームランドを持たせるという、あまりにも過激で非現実的な計画が掲げられたのは何故であったろうか。ある研究者（ローゼンバウム）は、それは「国境地域の人々の心深くに潜む感情、（米国に対する）憎悪の念であった」[58]

としている。この点について、思想面から「サンディエゴ計画」を研究しているサンドスも、「サンディエゴ計画は、米国の敵国によって画策された国外に発する謀議ではなく、米国内の抑圧に抗すべく、起こったものである」[59]と結論付けている。宣言にある、先住民やアフリカ系との共闘の意志は、目的を飾っていたに過ぎないかもしれないが、同じく抑圧された者への共感であろうか。抑圧者は米国であり、米国相手の叛乱行動であったがゆえに、米国に対して利害小さからぬ「国外」からの、計画への関与もあったものと、筆者は外国勢力の関わりを位置付けるものである。

「サンディエゴ計画」がメキシコ人を解放するための叛乱であったとしても、その結果は、むしろメキシコ人には苦いものであった。米国人を驚かせ、恐怖させたことは認められるが、大きな襲撃の止む一九一六年七月までの犠牲者数は、米国人よりメキシコ人の方がはるかに多かったことは、既に言及したとおりである。それだけではなく、「サンディエゴ計画」後、テキサスのメキシコ人は、レインジャーなどによる報復にさらされ、より厳しい状況下に生きることを強いられるのである。コルティーナの叛乱がコリードに歌い継がれたように、「サンディエゴ計画」もコリードの題材になっている。そのひとつは次のように結んでいる。「やらかしたのはメキシコ生まれの連中だけど、つけを払わされるのはテキサスのメキシコ人さ。」[60]「計画」にあったように、「奪われた土地を米国から奪還する」どころか、米国に歯向かうとどうなるのかを、テキサスのメキシコ人は思い知らされたのであった。[61]

米墨国境地域、特にテキサスのメキシコ人は、勝者の支配地に生きる敗者として、支配される者の悲哀を味わわされながら、時に抵抗し、その抵抗は、米国にとっては取るに足りないものかもしれないが、メキシコ人のコリードに歌い継がれ、また、メキシコ系を中心とする研究者によって研究されている。

本章で取り挙げた抵抗は、先ず、コルティーナの叛乱であったが、その抵抗は多分に偶発的なものであった。また、他の数々のコリードに歌われる、本章で取り挙げられなかった抵抗も同様である。しかし、ニューメキシコの「白帽子」、さらにテキサスの「サンディエゴ計画」は、事前に練られた方針の下、組織的に実行されたものであった。また、「サンディエゴ計画」は、局地的なものだったとはいえ、究極は米国という国家に立ち向かう、勇壮にして無謀な企てであった。その結果は既述のとおりであり、むしろ抵抗の結果、テキサスのメキシコ人はより一層の苦難を強いられ、それ以降、組織立った米国への抵抗は鳴りを潜めたのであった。[62]

「サンディエゴ計画」は、本来、テキサスのメキシコ人の叛乱計画であった。しかしそれは、米国という大国を標的にしたものであったがゆえに、ドイツという別の強国が注目し、利用しようとしたと思われる。この点についてのより明確な評価は、筆者の今後の課題としたいが、課題という意味では、同「計画」と日本との関わりも同じくである。「計画」の宣言において、日本人は、先住民、アフリカ系と並んで、連帯の相手であった。米国における当時の日本人移民の扱いを考えれば、故なきこととも思われないが、それなら何故中国人は含まれないのかという疑問が湧く。むしろ、他の目論見があって日本人を含めたと考えられないでもない。「サンディエゴ計画」には、実際、メキシコに在住していた日本人が参加している。『日墨交流史』は、その参加は、個人単位の単なる報酬目当てのものであったとしているが、[63]果たしてそのとおりであろうか。前出のサンドスは日本の国家としての政治的な関わりを指摘している。[64]大いなる解明課題である。

「サンディエゴ計画」は、アングロによる経済的かつ社会的抑圧に対する、メキシコ人の"¡Basta!"（もう沢山だ。）の叫びであったと云われる。(65) そして今日、メキシコ南部の州、チアパスにおいて抑圧と忍従を強いられてきた先住民の解放組織により、メキシコが同じく“¡Basta!”の叫びを上げられ、叛乱を起こされている。(66)

注

（1）greaser ゴールド・ラッシュ期のカリフォルニアでは、メキシコ人の他にペルー人、チリ人など、ラテンアメリカ出身者をこの様に呼んで侮蔑したが、さらに米国南西部全般で、メキシコ人を指す差別表現として用いられた。メキシコ人や先住民が顔を油もしくは脂（grease）で塗っている、あるいは顔の色が油もしくは脂の色に見える、と米国人が思ったことに由来すると云われる。

（2）Clarence King, *Mountaineering in the Sierra Nevada*, Charles, Scribner's Sons, 1919, pp.368-371.

（3）条文の原文は以下から。Oscar J. Martínez (ed.), *U.S.-Mexico Borderlands: Historical and Contemporary Perspective*, Scholarly Resources Inc., 1996, pp.22-24. なお、訳文は拙稿「マイノリティとしてのメキシコ系アメリカ人の起源」、亜細亜大学国際関係研究所『国際関係紀要』第九巻、二〇〇〇年、三一七―三一八ページを一部修正。

（4）Rodolfo Acuña, *Occupied America: A History of Chicanos (Third Edition)*, Harper Collins, 1988, p.28. Alfredo Mirandé, *Gringo Justice*, University of Notre Dame Press, 1987, p.2.

（5）Alfredo Mirandé, *Gringo Justice*, University of Notre Dame Press, 1987.

（6）一八六九年、シェリダン将軍に捕らえられたコマンチ族の酋長、トゥカウェイが言った「わたし、トゥカウェイ、わたし、よいインディアン」に対する将軍の返答とされる（サムエル・モリソン（西川正身翻訳監修）『アメリカの歴史2　1815年－1900年』集英社、一九七一年、四九五ページ）。

（7）W・E・ホロン（中山容、福本麻子訳）『アメリカ・暴力の歴史』人文書院、一九九二年、六七―七〇ページ。

（8）同上七〇ページ。

（9）同上。

（10）中国人への暴力については本稿ではとりたてて取り挙げないが、中国人「苦力」は鉱山や鉄道労働者として十八世紀後半に米国西部に渡り、差別と暴力の犠牲になった。その差別の程は、一八八二年に「中国人排斥法」が連邦法として制定されたことからも窺い知れる。差別という意味では、同じ東洋人の日本人も「日米紳士協定」（一九〇七年―一九〇八年）、そして「一九二四年移民法」によって米国への移民を閉ざされることになる。

（11）Arnoldo De León, *They Called Them Greasers: Anglo Attitudes toward Mexicans in Texas, 1821-1900*, University of Texas Press, 1983, pp.4-5. なお、イギリス人がスペイン人を残酷で野卑と見なしたことに関連して、十六世紀後半のオランダにおけるスペインによる恐怖政治、またラテンアメリカの先住民への暴虐ゆえに、スペイン人は冷酷で人殺しとのイメージができたとしている（*Ibid.*）。

（12）*Ibid.*, pp.5-6.

（13）テキサス・レインジャーに対する肯定的なイメージは、米国歴史学会の会長を務めたこともある Walter Prescott Webb の著書 *The Texas Rangers* (1935) に負うところ大といわれるが、彼は晩年、同書におけるメキシコ人の捉え方を改め、同書の改訂を進めていたが、果たせずに他界したそうである（Américo Paredes, "*With His Pistol in His Hand*": *a Border Ballad and Its Hero*, University of Texas Press, 1958, p.31. Julian Samora, et al., *Gunpowder Justice: A Reassessment of the Texas Rangers*, University of Notre Dame Press, 1979, p.1）。

（14）Irene I. Blea, *La Chicana and the intersection of race, class, and gender*, Praeger, 1922, pp.46-47, quoted in James Diego Vigil, *From Indians to Chicanos: The Dynamics of Mexican-American Culture*, Waveland Press, 1998, p.162.

（15）米国のリオ・グランデ地域では一九一五年まで、人口の九五パーセントがメキシコ人であった（Douglas W. Richmond, "La guerra de Texas se renova: Mexican Insurrection and Carrancista Ambitions, 1900-1920", *Aztlán, Vol. 11, no.1*, UCLA Chicano Studies Reserch Center Press, 1980, p.4）。

（16）De León, *op. cit.*, p.4.
（17）John R. Chávez, *The Lost Land: The Chicano Images of the Southwest*, University of New Mexico Press, 1984, p.32.
（18）テキサスに行ったアングロは、彼らが元住んでいたテネシー、ケンタッキー、ルイジアナ等で、テキサス入植のために彼らが出て行くと、途端に町の環境が良くなった、といわれるような人々であった（ホロン、前掲書、五七－五八ページ）。
（19）Paredes, *op. cit.*, p.6
（20）*Ibid.*, pp.10-11.
（21）*Ibid.*, p.12.
（22）例えば、ある地元紙は「テキサス・レインジャーはメキシコ人のように馬を駆り、インディアンのように追跡をし、テネシー男のように銃を撃ち、悪魔のように戦う」（*Texas Democrat*, September 9, 1846）としているが、このような扱いが当たり前であった（Samora, *op. cit.*, p.39）。
（23）*Ibid.*, p.40.
（24）Paredes, *op. cit.*, p.27.
（25）*Ibid.*
（26）アングロの有力者を利するためにメキシコ人の牧場主が殺された例（*Ibid.*, pp.29-30）など、Paredes の著作だけでも数々紹介されている。
（27）*Ibid.*, p.28.
（28）Matt S. Meier & Feliciano Ribera, *Mexican Americans / American Mexicans: From Conquistadors to Chicanos*, Hill & Wang, 1993, p.117
（29）Manuel G. Gonzales, *Mexicanos: A History of Mexicans in the United States*, Indiana University Press, 1999, p.108.
（30）Samora, *op. cit.*, p.34. Robert J. Rosenbaum, *Mexicano Resistance in the Southwest : "The Sacred Right of Self-Preservation"*, University of Texas Press, 1981, p.42.

(31) Rosenbaum, *loc. cit.*, p.42.

(32) *Ibid.*, p.43. 資料において確認できなかったが、コルティーナに協力した一般市民は、専らメキシコ系であったと思われる。なお、サモラは、コルティーナへの支援者は、むしろ国境の南の人々であったとしている (Samora, *op. cit.*, p.36)。

(33) Rosenbaum, *op. cit.*, p.43. Samora, *op. cit.*, p.37.

(34) Rosenbaum, *op. cit.*, pp.43-44.

(35) *Ibid.*

(36) *Ibid.*, p.45. Samora, *op. cit.*, p.39.

(37) Paredes, *op. cit.*, pp.139-140. (訳は筆者)

(38) Acuña, *op. cit.*, pp.45-47, 71-72.

(39) 当人たちの主張では、活動を開始した年に千五百人の支持者がおり、また彼らに敵対的な知事が現地(ラスベガス)を訪れて、町の住人の五分の四が「白帽子」の支持者であることを思い知らされた、とされている (*Ibid.*, p.72)。

(40) *Ibid.*, p.74.

(41) コルティーナの叛乱が偶発的な出来事を発端とし、私憤義憤がエネルギーとなり、また、コルティーナという人物の個性に負うところ大の出来事であったのに対し、「白帽子」は活動の初期から綱領をもつ組織体であった。

(42) Don M. Coerver & Linda B. Hall, *Texas and the Mexican Revolution: A Study in State and National Border Policy 1910-1920*, Trinity University Press, 1984, p.78.

(43) Records of the Department of State Relating to the Internal Affairs of Mexico, 1910-1929, 812.00/1583, U.S. National Archives Microfilm Publications, quoted in Oscar Martinez (ed.), *U.S. -Mexico Borderlands: Historical and Contemporary Perspectives*, Scholarly Resources Inc., 1996, pp.139-141.

(44) Coerver & Hall, *op. cit.*, p.80. James A. Sandos, *Rebellion in the Borderlands: Anarchism and the Plan of San Diego, 1904-1923*, University of Oklahoma Press, 1992, pp.82-83.

(45) David Montejano, *Anglos and Mexicans in the Making of Texas, 1836-1986*, University of Texas Press, 1987, pp.119-123. Sandos, *op. cit.*, p.87.

(46) Coerver & Hall, *op. cit.*, pp.87-90. Montejano, *op. cit.*, p.119.

(47) Webb, *op. cit.*, p.478, quoted in Montejano, *op. cit.*, p.125.

(48) テキサス・レインジャーの行状は、軍さえもが彼らと共に行動することによって自分たちの評判が傷つくと考えた程、ひどいものであったという (Juan Gómez-Quiñones, *Roots of Chicano Politics, 1600-1940*, University of New Mexico Press, 1994, p.349)。

(49) Montejano, *op. cit.*, p.122.

(50) ディアスは一八七六年から一期（四年）大統領を務め、一八八〇年に彼の腹心を大統領に据え、その四年後に自らが復帰して以来、再選禁止の憲法を改正して、革命で追われるまで大統領の座に君臨し続けた。彼の政権下でメキシコが経済的に発展したことは認められるが、外国資本が優遇される一方で、国内の貧困層の大半を占める農民は土地を失い、ますます貧しくなっており、メキシコ革命前には単に独裁者の追放に留まらず、社会改革の必然性が大いに高まっていたと思われる。なお、ディアス時代に貧困から逃れて北に向かい国境をも越えるメキシコ人の流れが形成され、その結果、テキサスなどでメキシコ人の居住が増大することとなる。

(51) メキシコ革命がいつ終わったかについては曖昧であり、土地改革を謳った憲法が制定された一九一七年とする説にはかなりの説得力があるが、その憲法導入時の大統領だった人物が武装闘争で敗れ、その後国内が比較的穏やかになるのが一九二〇年である。

(52) Coerver & Hall, *op. cit.*, pp.91-92.

(53) *Ibid.*, pp.91, 95.

(54) *Ibid.*, pp.94-95, 98, 101-103, 106.

（55）*Ibid.*, pp.109-116.
（56）メキシコはメキシコ革命で米国が被ったとされる損害について、革命中に起こったことは米国に責任があるという理由で、賠償しないとの姿勢をとるなどしていた（*Ibid.*, p.118）。
（57）*Ibid.*, pp.117-118.
（58）Rosenbaum, *op. cit.*, p.52.
（59）Sandos, *op. cit.*, p.175.
（60）Américo Paredes (ed.), *A Texas-Mexican Cancionero: Folksongs of the Lower Border*, University of Illinois Press, 1976, pp.72-73, quoted in Chávez, *op. cit.*, p.81.
（61）Chavez, *op. cit.*, p.82.
（62）「サンディエゴ計画」は米国への抵抗の空しさを知るという、メキシコ人にとって余りにも悲しい成果があったのみではない。ゴメス・キニョネスは、その計画に流れていた相互扶助的な組織作りの観念に着目している(Juan Gómez-Quiñones, *Mexican American Labor 1790-1990*, University of New Mexico Press, 1994, p.70)。
（63）日墨協会／日墨交流史編集委員会『日墨交流史』ＰＭＣ出版、一九九〇年、四一〇ページ。
（64）Sandos, *op. cit.*, p.173.
（65）*Ibid.*, p.174.
（66）一九九四年一月一日、マヤ系先住民が多く居住するチアパス州で、ＥＺＬＮ（Ejército Zapatista de Liberación Nacional　サパティスタ民族解放軍）と名乗る反政府組織が、先住民の解放を掲げて蜂起し、メキシコ政府との闘いは今日も続いている。同組織が世に送ったメッセージが、EZLN, *¡Basta!: documentos y comunicados del EZLN (tomo 1) 1992 ~ 1994・6・10*, Ejército Zapatista de Liberación Nacional, Mexico,1994（サパティスタ民族解放軍（太田昌国／小林致広編訳）『もう、たくさんだ！　メキシコ先住民蜂起の記録①』現代企画室、一九九五年）の書である。

（本章は、拙稿「米国対墨国境域におけるメキシコ人の抵抗」亜細亜大学国際関係研究所『国際関係紀要』第十二巻第二号、二〇〇三年、九一－一一五ページ、に加筆、修正したものである。）

第三章

フィリバスターのメキシコ北西部侵蝕

一．フィリバスター

米国によるメキシコ領土の侵蝕は第一章で追ったとおりである。米墨戦争において米国軍がメキシコ市を制圧した時、米国内にはメキシコの全領土を米国のものにすべしとの主張もあった。しかし現実には、グアダルーペ・イダルゴ条約で定められた範囲にメシージャ条約で加えられたものを獲得すること（いわゆるガズデン購入）で決着し、その時（一八五三年）成立した国境線までが米国領となって、今日に至っている。しかし、米国には、民間人の中に他国領に進出し、その地を政治的に支配しようとする者がいた。フィリバスター（filibuster）という。

フィリバスターは議会の進行を妨げる行為、もしくはその行為者を指しても用いられるが、本書で取り挙げるフィリバスターは別の意味であり、政府の方針によらず外国を侵す行為や、その行為者を表す。いくつかの語学辞典によるとフィリバスターとは、概ね「（十九世紀半ばのラテンアメリカにおける）革命（暴動）扇動者」を意味する名詞であり、またそのような行動を表す動詞でもある。また、特に詳しい辞典では名詞としての説明の中で、「一八五〇年から一八六〇年にかけて、国際法を破って、中米およびスペイン領西インド諸島の特定の国々に革命を起こすことを目的として、米国からの遠征を組織した一隊の成員」[1]とされている。この引用文中の「革命を起こす」を「自分（達）がその土地の支配者になる」に置き換えると、本章が関わる狭義においてのフィリバスター像は、概ね伝わると思われる。メキシコにおけるフィリバスターの活動は、米墨戦争後、とりわけ一八五〇年代に顕著で、その活動者は米国人、もしくは米国に居住するフランス人などの外国人であった。

米墨戦争によって、米国はメキシコの北方領土獲得に成功するが、米国政府は、メキシコ領土のさらなる獲得に執着しており、それゆえのメシージャ地区購入であった。また、米国民、もしくは米国在住者のメキシコや他のラテンアメリカへの進出熱も高ずるばかりで、マニフェスト・デスティニーに踊るが如くであった。とりわけ、テキサス獲得で勢いに乗る米国南部の奴隷制賛成論者にその傾向が強かったが、その具体的な行動がフィリバスター活動である。[2]その標的はメキシコ北部やユカタン半島であり、さらにはキューバ、ニカラグア、エクアドルであった。

もとより政情不安であったユカタン半島では、マヤ系先住民の叛乱に際して、一八四七年に白人居住者が米国に同国への併合を持ちかけていた。米国は、政府としては取り合わなかったものの、民間には呼応する者があり、南部の米墨戦争従軍者を中心とする九百名ほどが、ホワイト（Joseph A. White）なる人物の指揮の下、一八四八年にユカタンに赴く。しかし、地の利があり、また長らくスペインの支配にも抵抗した実績のあるマヤ系先住民の抵抗の前に、ホワイトの一隊は惨敗を喫している。(3)

一方、キューバは、殆どの旧スペイン領が独立した後もスペイン統治下にあったが、米国はそのキューバの購入を欲し、スペインに働きかけていた。スペインが応ずるはずもない、このような働きかけが不首尾の情勢に、米国内の世論は、スペイン悪玉論である「黒い伝説」（leyenda negra　スペインがアメリカ大陸において先住民を蹂躙したことを強調したもの）を持ち出し、キューバのスペインからの「解放」を叫ぶようになる。キューバにおいてはクリオージョ（植民地生まれのスペイン人）がスペインの支配に不満を持っており、彼らの思惑を利用して、米国人がキューバの「解放」に向かうこととなる。(4)

ベネズエラ生まれでキューバに住んでいた、クリオージョのロペス（Narciso López）をリーダーとし、米国南部を中心に集められたフィリバスター五百余人が、一八五〇年にハバナ東方の町、カルデナスに侵入するが、撃退される。さらに翌一八五一年、態勢を立て直し、再びロペス指揮の下、四百余名がハバナ西方への侵入を試みるも、結果は散々であり、ロペスはスペイン軍によって処刑される。しかし、これでキューバへのフィリバスターの野望が潰え去ったわけではなく、彼らは十九世紀の残りの期間中、繰り返しキューバへの侵攻を試みるのであった。(5)

エクアドルには、一八五一年に同国元大統領のフローレス（Juan José Flores）が、米国サンフランシスコから、同地で集めた兵員二百五十名を伴って、故国に再君臨すべく同国の港グアヤキルに入るも、志は果たせずに終わっている。また、ニカラグアには、後述のメキシコ北西部（ソノラ、バハ・カリフォルニア）制覇を企てた、フィリバスターの代名詞とも云うべきウォーカー（William Walker）が、メキシコ北西部での失敗の後、一八五四年から入り込む。ウォーカーは「大統領」として中米五ヶ国制覇に動くが不評で、一度ならず敗走しても懲りず、一八六〇年、ホンジュラスで処刑されるに至っている。[6]

これら以外にも、南北戦争まで、何例ものフィリバスターが、ニューオリンズなどを根城に南の国に「遠征」していた。また、フィリバスターの活動は南北戦争以降皆無となったわけでもなく、特にキューバは、米西戦争（一八九八年）で独立は果たすものの、実質的に米国の支配下に入るまで、狙われ続けた。マニフェスト・デスティニーも遠く去った一九八六年においてさえ、南米スリナムに侵攻しようとしたルイジアナのグループが、未然に摘発されている。[7]

二．米墨戦争後のメキシコ北西部

一八四八年のグアダルーペ・イダルゴ条約（米墨戦争終結）、一八五三年のメシージャ条約によって、メキシコと米国の新しい国境が定まる。その結果、今日のメキシコ北部各州、すなわち東からタマウリパス、ヌエボ・レオン、コアウイラ、チワワ、ソノラそしてバハ・カリフォルニアの諸州が米国と国境を接する国境州となった。これら諸州は対米国境州であるがゆえに受難し、またある意味では、とりわけ経済的には、繁栄する。受難という点では、その最たるをソノラが被ったのではないだろうか。

グアダルーペ・イダルゴ条約締結によって、メキシコは元の領土の半分以上を失ったが、それ以降の同国領土の保全は保障されてはいた。しかし、そのような保障は空しく、同条約締結後五年にして、メキシコは北部の領土（メシージャ地区）を売却という形で米国に割譲させられる。前述のメシージャ条約である。また、グアダルーペ・イダルゴ条約で定められていた、先住民によるメキシコ領土への襲撃を米国が妨げる、との約束も守られなかった。そして、メキシコは米国人もしくは米国に居住する外国人の侵略の企てによって、度々、領土保全の危うきことを目の当たりにするのである。このようなことが何処よりも集中して起こったのがソノラである。ソノラはかつて南のシナロアと統合されていたが、一八三〇年に分離し、一州となっている。今日、メキシコ有数の富裕州として繁栄するソノラながら、(8)米墨戦争直後は混乱の極みにあった。本章では混乱、不安定をもたらしたものとして、特に外的要因に注目し、十九世紀半ばのソノラについて考察を試みるものである。

「全能なる神の御名において、アメリカ合衆国およびメキシコ合衆国は、不幸にして両国間に存在した戦争の惨禍を終結させ、強固な基盤の上に平和的かつ友好的関係を築くべく、……」(9)云々の前文で始まり全二十三条から成るグアダルーペ・イダルゴ条約については前章でも触れたが、両国にとり最も重要な条項は新国境を定めた第五条であろう。マニフェスト・デスティニーを掲げる膨張主義国家、米国にとって、米墨戦争の狙いは領土獲得であった。同条約締結の過程で、米国はリオ・グランデ（川）を南限とするテキサスから西のメキシコ領、即ち当時のヌエボ・メヒコおよび上下両カリフォルニア（メキシコ領時代のカリフォルニアを、アルタ（上）・カリフォルニアとバハ（下）・カリフォルニアに区分するが、今日、アルタ・カリフォルニアは米国カリフォルニアであり、バハ・カリフォルニアはメキシコ領である）の割譲をメキシコに迫り、一方、メキシコ側では当初米国に認められるのはヌエセス川を南限としてのテキサスの領有のみであった。しかし、戦勝国の強い圧力に抗しきれず、メキシコはバハ・カリフォルニアを割譲対象に含めることを除いて、米国の要求を受け入れさせられる。それを条文にしたものが同条約第五条であった。

第五条

両国の国境線は、メキシコ湾において、リオ・ブラボとも呼ばれるリオ・グランデ河口から、もしくは同河川に海に流れ込むひとつ以上の支流がある場合、最も深い支流の河口から三レグアスのところから始まり、川の中央の最深部を辿り、ヌエボ・メヒコの南端の境界線に突き当たるところに至り、そこからヌエボ・メヒコのその境界線（パソと呼ばれる町の北側を通っている）上を西に進み、その線の西端に至ったなら、ヌエボ・メヒコの西境界線上をヒラ川の最初の支流と交差するまで進み（上記境界線がもしヒラ川の支流と交差しない場合は、同境界線がヒラ川支流に最接近する地点で、その支流に直線をもって進み）、その支流およびヒラ川本流の中央を同川がコロラド川に注ぐまで進み、そこでコロラド川を横切り、上下両カリフォルニアの境界線に沿って太平洋に達する。

（中略）

本条に定められた国境線は、両国によって誠実に尊重され、両政府が自国憲法に則って、明確かつ自発的な同意をしない限り、如何なる変更もなされ得ない。[10]

当条項によって定められた国境線の効力は、実質五年に過ぎなかった。米国の膨張主義は止まるところを知らず、今日のメキシコ北部に、その触手が伸びるのであるが、とりわけソノラは、その主たる標的であった。実際、一八五三年のメシージャ条約によって、米国はソノラの北辺、すなわち今日のアリゾナ州およびニューメキシコ州の南辺（メシージャ地区）をメキシコに売却させる。さらにカリフォルニア湾の良港を擁するグアイマスおよびその周辺は、ソノラ獲得の拠点として狙われたのであった。[11]

メキシコ領土獲得への、米国の、政府としての動きは、右記メシージャ地区の購入をもって一応は終止符を打つことになるが、北の隣国に発するメキシコ領土侵蝕の動きは止むことがなかった。ソノラへの触手はフィリバスターという形で伸びる。フィリバスターの活動は、テキサス独立以前に既に見られ、またソノラを標的にしたものは米墨戦争後間もなくにして、メシージャ地区購入の成立よりも早い時期に始まっている。ソノラへのフィリバスターの侵蝕に、概ね口実として登場するのが国境域先住民の問題であるが、その問題に関しては、グアダルーペ・イダルゴ条約第十一条で、割譲された領地に居住する未開部族は米国の管理下におかれ、同政府は彼らのメキシコ領内での襲撃を妨げる、と定められている。[12]

ここでいう未開部族とはアパッチのことであるが、もとより彼らに国境は関係なく、米墨戦争後も、米国、メキシコにまたがる地域を、生活・活動領域としていた。米国が同条約で、彼らの支配・統御を謳おうと、彼らにはそれに従ういわれはなかった。北米先住民研究の大家、スパイサーがいみじくも指摘するとおり、「メキシコはアパッチを征服したことがなかったのだから、米国はメキシコを征服したからといってアパッチの土地に対する支配など主張できようか」である。しかし、単純に米国とメキシコの関係で考えれば、米国には、条約で謳ったことの履行責任はあって当然であろう。アパッチ対策が、ソノラへのフィリバスター侵蝕の口実となるのであるが、ソノラの問題を考える前に、フィリバスターと呼ばれる人々のメキシコにおける行動の例を見ておくこととする。

米国人フィリバスターは、メキシコがスペインから独立する（一八二一年）以前の一七九〇年代に既にテキサス侵蝕の動きをしていた。一八一九年には、ロング（James Long）なる米国人率いる一党が「テキサス共和国」の樹立を目指してテキサスに侵入している。米国人の入植が公式に認められ、またメキシコが独立した後の一八二六年には、第一章で触れたことながら、テキサス東部の町ナコグドチェスを米国人が制圧し、「フレドニア共和国」なるものの独立を宣言し、間もなく鎮圧されている。このような動きは、巡り巡ってはテキサス独立につながるものとして注目される。また、一八四六年、米墨戦争開戦期のアルタ・カリフォルニアにおいては、同地のメキシコからの独立を標榜して「ベア・フラッグの叛乱」がフィリバスターと呼ばれるべき米国人によって起こされ、そのまま米墨間の戦争になだれこんでいる。

ソノラに話を戻すが、ソノラはメキシコ北西部に位置する、メキシコ有数の富裕州である。米国に売却させられたメシージャ地区の大部分もソノラの一部であった。同地区を含むソノラ北部は、銅、それに金、銀といった鉱物資源に恵まれ、また、州全体において農牧業における生産も豊かであった。さらに、カリフォルニア湾に面する良港グアイマスを擁し、ソノラは発展の可能性の高い土地であり、マニフェスト・デスティニーの時代の米国が、バハ・カリフォルニアとともに領有を望んだとしても不思議はない。メシージャ地区の購入の際、米国は鉄道建設に必要という理由付けをしていたといわれるが、その鉄道はアリゾナからグアイマスの港まで延ばす目論見であったと云われる。

ソノラには、当然にして、先住民が暮らしていた。今日のアリゾナから南に広がる地帯に、ピマそしてトホノオダム（パパゴ）、また隣州チワワと接する山岳部方面にオパタ、島嶼部を含む海岸域にセリ、そしてその南にヤキ、マヨといった部族名で呼ばれる人々が住んでいたのに加え、ソノラは、アパッチの通称で知られる人々の居住・行動域でもあった。先住民の中には、スペイン、そして独立後のメキシコの支配に対し、頑強に抵抗した人々もおり、とりわけヤキの人々の抵抗と、その戦闘性はつとに有名で、彼らの抵抗はスペイン統治時代から二十世紀前半まで続いた。農耕民であるヤキは、自分たちの生活領域を守るために戦い、それがゆえに戦闘的であった。(13)

一方、やはり戦闘的であることで知られるアパッチの、その戦闘性は、ヤキのように守りのためではなかった。彼らは他の先住民やスペイン人、メキシコ人への襲撃によって生活の糧を得ていた。元来が非定住であったと云われるアパッチは、テキサス方面から西へ、また南に移動し、スペイン人がメキシコ北西部に初めて踏み入った十六世紀には、既に同地に出没していたと思われるが、本格的に進出したのは十七世紀の末尾である。(14)

スペインは、北部領土の拠点にプレシディオと呼ばれる軍事基地を設けることで外敵の侵入に備え、植民者の保護にあたっていたが、特にメキシコ独立後、プレシディオはアパッチの襲撃には無力であった。一八三一年にはソノラ方面のプレシディオは機能しなくなっており、州の為政者が連邦政府に支援を要請する事態となっている。(15) アパッチはメキシコ人のみならず、他の先住民、そしてまた米国人にとっても脅威であった。米墨戦争を終結させたグアダルーペ・イダルゴ条約においても、前述のとおり、第十一条でこの問題を取り扱い、米国はアパッチなどの、襲撃を宗とする先住民のコントロールを請け合っていた。しかし、同条約締結後、その履行に米国は積極的でなく、同条項の無効化を望み、実際メシージャ条約締結の際に、それ、即ちグアダルーペ・イダルゴ条約第十一条を無効とすることを、メキシコに認めさせている。(16) 所詮は米国も解決に実質的に寄与し得なかったアパッチの襲撃問題が、ソノラへのフィリバスター侵蝕の恰好の口実となるのであった。

アパッチの襲撃によってソノラが荒廃していく事態に対し、メキシコも手を拱《こまぬ》いていたわけではなかったが、その具体的施策は大いに問題であった。メキシコで採られた方策は、「アパッチ狩り」とでもいうべき非人道的なもので、アパッチの頭皮（スカルプ）に賞金を出すというものであった。この方策は賞金目当ての米国人が、頭皮になってしまえばアパッチと区別のつきにくいメキシコ人を餌食にして、金をせしめるだけに終わった。この愚策の次に模索されたのが、外国人による対アパッチ防衛であった。但し、それに該当する外国人は、米国人以外でなければならなかった。それは、米墨戦争後のことでもあり、また、テキサスでの経緯を思い出せば、容易に理解できることである。(17)

三．ソノラを狙ったフィリバスター

パンドレおよびラウセ＝ブルボン

メキシコは前記の対アパッチ要員を米国サンフランシスコで調達する。駐サンフランシスコのメキシコ領事は、フランス人によるソノラ入植を奨励した。ゴールド・ラッシュに沸くカリフォルニアには国内外から人が集まっていたが、その中に、当項に関わる二人のフランス人がいた。一人はパンドレ(Charles de Pindlay)という名の若き侯爵であり、故国フランスでは決闘で名を馳せたという彼は、カリフォルニアでもその武闘的な強さで知られていた。一八五一年秋にソノラ行きを持ちかけられた彼は、これを承諾するや、即座にフランス人の随員を集め、同年末には海路でソノラに達し、グアイマスに上陸している。[18]

パンドレに求められたのは、ソノラに武装して入植し、アパッチの襲撃を封じ、また、米国人の領土侵犯を阻止することであった。八十五名のフランス人とともにグアイマスに入港した彼は、先ずは、歓喜をもって迎えられる。[19] さらに、彼の配下となったメキシコ人も加え、政府の指定したココスペラという名の町に赴く。同地に着いて間もなく、ソノラの政府筋に、パンドレのフランスにおける好ましからざる行状についての情報がもたらされ、以後、ソノラ政府は彼を疎んじるようになる。現地政府の協力が得られなくなったパンドレとその一行は窮地に陥り、ほどなくして（一八五二年五月）パンドレは頭

図6　ソノラとバハ・カリフォルニア

に銃弾を受けて死亡する。[20]

その死については、他殺、自殺の諸説あるが、パンドレは、対アパッチ（そして対米国）ソノラ防衛の任を帯びて入植地に行ったものの、殆どその任を果たす機会もなく消えていった。[21]彼に同行した者のその後については後述するが、パンドレ自身は、その行動において、フィリバスターと断ぜられることを免れると思われる。もし、過去が暴かれ、それによって政府に疎んじられ、あの時点で死に至ることがなかった場合、入植者として「屯田兵」的任務を全うするに留まったか、すなわち現地でフィリバスター的行動を起こすようなことがなかったかどうかは、知る由もない。ただ、少なくともパンドレは、入植者として「屯田兵」に徹するつもりがなかったことは指摘されている。彼の究極の目的は鉱山の所有であったという。[22]

とはいえ、パンドレについては、その腹の中はともかくも、実際のメキシコでの行動には、フィリバスターとしての要素は見出せない。しかし、ソノラのフィリバスターを取沙汰する際に、彼の名は当たり前に登場する。彼に同行した者が、後にフィリバスターとして行動したという点も見逃せないが、何と言っても、彼と入れ替わるようにソノラに入り、正真正銘のフィリバスターとして活動した人物との関連において、パンドレは言及されるのである。

その人物とはラウセ＝ブルボン（Gaston Raoul de Raousset-Boulbon）である。パンドレと同じくフランス人であり、また、同様に爵位（伯爵）を有し、やはりゴールド・ラッシュのサンフランシスコに居住していた。ラウセ＝ブルボンはフランスの正規軍に加わり、アルジェリアで勤務するなどした後、カリフォルニアに渡り、そこでソノラの富に引き寄せられることとなる。サンフランシスコにおいて、彼とパンドレが接触し、共同行動も模索されたようであるが、物別れに終わっている。[23]

パンドレとの共同行動は不成立ながら、ラウセ＝ブルボンは、ソノラ入植を奨励したメキシコ領事、そして駐サンフランシスコのフランス領事と交渉し、さらにはメキシコ市まで行ってフランス大使とも会見し、同大使自身も当初参画していた、外国資本によるソノラにおける鉱山開発事業に、国境地帯での対アパッチおよび米国人フィリバスター防衛担当として参画することを決める。サンフランシスコで百五十人の同胞を集めると、一八五二年五月にグアイマスに上陸し、半年前のパンドレと同様に市民の歓迎を受ける。[24]

しかし、アパッチと戦うにしては重装備に見えるその集団の来訪を、ソノラの当局者は冷ややかに捉えていた。[25] その頭目が、パンドレを疎んじた軍司令官のブランコ将軍（Miguel Blanco）であった。将軍は、ラウセ＝ブルボン一行に北部の鉱山地帯に行くことを認めず、その行動を指図し、ラウセ＝ブルボン自身に、将軍のいる北方の町、アリスペに出頭することを命じた。ラウセ＝ブルボンはその出頭命令に従わず、将軍は、課した条件に従わない場合は国外退去すべしとの姿勢でいた。両者の間に緊張が高まっていた。[26]

その緊張の中で、このフランス人は、ソノラ支配という野望を膨らませ、その頃には、パンドレとともに入植し、リーダーを失った後も留まっていたフランス人達が、新たなフランス人リーダー、ラウセ＝ブルボンの指揮下に入っていた。また、彼はソノラ政界の権力闘争を利用し、野に下っていた実力者を味方につけようと試みる。[27] そして間もなく、彼は「ソノラの独立」を宣言し、一八五二年十月十四日、要衝（後のソノラ州都）たるエルモシージョに入り、ブランコ将軍自身も駆けつけ、合流した政府軍相手の戦闘に勝利し、同市を制圧した。[28]

制圧の翌日、彼はエルモシージョ市民への布告を発した。それにおいて、彼は、自分達フランス人が戦闘においては勇敢なれど、勝利した後は節度をもって行動すること、また、彼らはソノラに自由をもたらすために戦ったことなどを訴え、市民が彼らに協力することを呼びかけ、「ソノラ万歳、神そして自由万歳」と結んでいる。[29] そして、接収した豪華な屋敷で勝利の美酒に酔い、地元の要人たちが彼の許に集まってくるのを待った。[30]

しかし市民は冷ややかであり、彼らのとった行動は、フランス人を警戒して金目のものを隠すことであった。また、野に下っている政治的実力者の協力を得るとの思惑もはずれた。政府側も反撃態勢を整え、劣勢必至のラウセ＝ブルボンは、十月二十四日、エルモシージョから立ち退き、グアイマスの港に向かう。一行に死傷者も出し、自身の健康も害していた彼は、グアイマスに辿り着く前に、フランス副領事の仲介でブランコ将軍と会見し、降伏して、ソノラを後にするのであった(31)。

これで、このフィリバスターの野望は潰えたかに見える。ソノラ支配は失敗し、同行したフランス人の心も、彼から離れていた(32)。本心はともかくも、彼は鉱山開発会社の防衛の任を帯びてソノラに行ったものの、本来の任務は果たさず、自分の野望の実現のためにのみ行動した。彼は会社に対しても、また彼の同行者に対しても、契約不履行者、もしくは背信の徒であり、さらに、メキシコという主権国家の侵犯者である。断罪されこそすれであるが、こともあろうに、彼には「捲土重来」を期すことが許されるのである。

数ヶ月の間、ソノラの南、シナロア州マサトランに留まった後、ラウセ＝ブルボンは翌一八五三年、サンフランシスコに「凱旋」する。彼は「敗軍の将」にあらずして「エルモシージョの勝者」として迎えられる。彼を称揚するのは、同地のフランス人ばかりでなく、米国人も同様で、また、その名声は全米に轟いた。そのような状況の中で、彼は新たな、そして前回よりも大規模な、ソノラ行きを目指すのであった(33)。

仲間を募って曰く、「私の契約書を見るがいい。払い下げられる鉱山と私に与えられる権利を見てくれ。しかし、これら全てのために、メキシコでは軍事力が必要なのだ。インディアンに対しての軍事力ではない。メキシコ人に対してこその軍事力なのだ。前回成功しなかったのは、ソノラの政治家の悪意、妬み、貪欲さのためだ。私は、あらん限りの力を尽くして私の義務を果たし、困難に打ち克とうとしたからこそ、いったんは勝利を摑んだのだ。しかし、裏切られてしまった。そうでなければ今頃は大金持ちであったはずだが、無一文になってしまっている。私が摑んだ権利を実効あらしめるために、私には力が必要だ。私に力を貸してくれる者には必ず富を与えよう。」[34]

駐墨フランス大使、そしてサンフランシスコのフランス領事の計らいで、彼は、当時まだメキシコ大統領の座にあったサンタアナに会いに行くことになる。一八五三年六月、サンタアナとの会見において、彼は、フランス人部隊が北部国境地帯をアパッチの襲撃から守り、彼にはソノラ州知事ならびに同軍司令官に準ずる権限が与えられ、さらに彼および彼の同胞に土地が譲渡されるべきとの提案を行なう。メキシコ大統領は、ソノラ政府の反対を受けて、彼に、大佐の位でのメキシコ軍入りを勧めるにとどめる。その勧めを蹴り、それによって前出の二人のフランス外交官の後ろ盾も失い、彼は自前でソノラ遠征隊を組織することとなる。[35]

しかし、メシージャ条約でソノラ北部を売り払ってしまったばかりの、メキシコにとって忌まわしきこの大統領は、外国人に悩まされていたその時期に、あろうことか外国人の傭兵を国の防衛に用いるとの策を講じようとし、サンフランシスコの同国領事に三千人の米国人以外の外国人を雇用するよう指令している。指令では、五十人ずつのグループに分けてメキシコ各地の港に送るようになっていたが、フランス人を中心とする四百人が、一隻の船でグアイマスに送り出されることになる。一八五四年四月二日のことで、四百人のうち三百五十人がフランス人であった。[36]

四月十九日にグアイマス港に着いた一行は、同港の当局によって先ずは手厚く迎えられ、五月一日には、ソノラの軍司令官に着任したばかりのヤニェス将軍（José María Yáñez）が同港に赴き陣頭指揮を執る。グアイマスにはメキシコの駐サンフランシスコ領事から、ラウセ＝ブルボンの野望ゆえ一行に注意すべしとの伝達があり、将軍は警戒に余念がなかった。ラウセ＝ブルボン自身は、敢えて別の船で、四月二十四日に出航するが、途中難破しかかり、その復旧に時間を要し、七月一日にグアイマスに入港する。そこで彼はヤニェス将軍と会見するが、将軍からは彼の入国は認められない旨が伝えられる。彼がメキシコの法を遵守すること、また、自身の連邦政府との繋がりを執拗に訴えたことから、将軍は首都の大統領に裁定を仰ぐべく、伺いを立てる。(37)

メキシコ側の返答を待つ一方で、メキシコ守備隊相手に軋轢が生ずる中、フランス人らの間では、攻撃に踏み切るべしとの主張が沸き起こり、慎重派との確執を主戦論者が制する。(38)七月十三日、ラウセ＝ブルボンの指令で戦端が開かれ、既に練られていた作戦に則って、メキシコ守備隊を攻撃するも抵抗激しく、その応戦に勢いがあり、勝負は一日で決する。フランス人側は敗北し、全員が捕虜となる。ラウセ＝ブルボン以外には国外追放という沙汰が下ったが、彼は処刑されることとなり、その執行は八月十四日に行なわれた。(39)

かくして、ソノラ、そしてメキシコの歴史に残るフランス人フィリバスターは消えていったが、ソノラは彼に狙われ、また、彼はソノラに魅入られていたが如くであった。死刑の判決を聞いた時に彼が発したとされる言葉が、それを如実に表していよう。「もし処刑されなければ、私はソノラに舞い戻る。私には、この国か死、しかないのだ。」(40)

ウォーカー

ソノラを脅かしたのは、ラウセ＝ブルボンばかりではなかった。ソノラにフランス人を招じ入れることになった事情に、対アパッチ問題があったが、アパッチのみならず、米国人による侵略も懸念されていた。ソノラ現地がフランス人にかまけている間に、サンタアナの君臨する連邦政府はソノラ北部を米国に売却してしまう。米国政府がその交渉を進めている時に、ソノラを支配しようとの野望に燃える米国人が、カリフォルニア湾の対岸、バハ・カリフォルニアに侵入していた。後にニカラグアで名を馳せることになるウォーカーである。

ウォーカーはテネシーに生まれ、東部の大学の医学部を卒業し、ヨーロッパにも医学生として留学している。帰国後、法律家に転じ、ニューオリンズで弁護士事務所を開く。しかし、閑古鳥鳴くのみであり、次はジャーナリストに身を転じ、地元紙の編集に携わる。この仕事も芳しくなく、失業の憂き目に遭う。一八四九年のことであった。それからが彼の真骨頂であろうか。翌一八五〇年、ゴールド・ラッシュの波に乗り、カリフォルニアに流れ着き、サンフランシスコで新聞の編集者となる。悪評の地元判事を追及して市民の支持を得、人気を博したのであった。ニューオリンズでの場合と異なり、今度は余儀なくされてでなく転職し、再び弁護士として開業する。(41)

その頃、ラウセ＝ブルボンらフランス人のソノラ遠征がカリフォルニアで話題になり、ウォーカーは大いに刺激される。一八五三年六月、グアイマスに赴き、自らのソノラ入植計画を示し、メキシコ当局の認可を求める。ラウセ＝ブルボンらで懲りていたメキシコ当局者が、そのようなものに理解を示すはずもなく、ましてや彼は、メキシコが忌み嫌うグリンゴ（米国人）であった。当局からの好ましい反応は一切なかったが、彼は、やがて多くのメキシコ人が、米国人入植者を、アパッチから、そして圧政から守ってくれる存在として、歓迎するであろうと確信して帰国する。(42)

サンフランシスコでは、「ソノラ共和国」の債券が彼の仲間によって売り出されていた。そして彼は、先ずバハ・カリフォルニアにソノラ進出の拠点を設けることに決め、すぐに行動を起こす。その半島は首都から遠く離れ、人口も希薄で、メキシコ政府の目が届きにくく、また、米国からの兵員・物資の補給にも好都合と思われたのである。一八五三年十月十三日、彼および四十五名の随行者はサンフランシスコを出航し、十一月三日には半島の要衝たるカリフォルニア湾の港町、ラパスに到達している。すぐさま現地の知事を捕らえ、メキシコ国旗を降ろし、別のものを掲揚した。そのことをもって、彼は「バハ・カリフォルニア共和国」なるものの独立宣言とし、自らをその大統領に任じた。(43)

ウォーカーは、いとも簡単にラパスを制圧したが、わずか三日でそれを放棄することになる。周辺のメキシコ守備隊と地域住民に攻撃され、彼は、もと来た道を引き返し、十一月二十九日、米国領に至近のカリフォルニア半島太平洋岸の港、エンセナーダに逃れる。そして同港を、かの「共和国」の拠点にしつらえ、以下のような声明を、メキシコ人ならずして米国人に対して、発表する。「バハ・カリフォルニアは、その地理的隔絶のため、不届きにもメキシコ政府によって疎んじられてきた。その然るべき発展のためには、バハ・カリフォルニアは独立を果たす必要がある。」(44)

エンセナーダは、カリフォルニアから補給を受けるのに有利であり、また、陸路ソノラに入るにも好都合ではあった。近隣のランチョ（農牧場）を襲い、物資を調達するなどしたウォーカー一行に対し、メキシコ人が団結して立ち上がり、対する米国人は辛くも凌いでいるという状況の中、十二月二十八日にサンフランシスコから援軍が到着する。すると、翌年（一八五四年）一月十八日のこと、ウォーカーは、「バハ・カリフォルニア共和国」にソノラを加え、「ソノラ共和国」とすると宣言した。兵を一旦、内陸の町、サンビセンテに移動させ、三月二十日に陸路ソノラを目指し出発する。四月四日にバハ・カリフォルニアとソノラの州境であるコロラド川の渡河でトラブルに見舞われ、サンビセンテへ帰還することとなる。その途上、メキシコ人義勇兵の攻撃を受け、また、自軍の兵の逃亡も相次ぎ、四月半ば、ついにウォーカーは米国に逃れる(45)。

そして彼は、ソノラへの野望はあきらめるが、フィリバスターとしては、次なる行動によって真打となる。ニカラグアに侵入し、「大統領」を気取るのである。彼は「ソノラ共和国」の「大統領」でもあったが、「任期中」ソノラの土を踏んだのは、コロラド川を渡った日だけであった。そのソノラには、やがて別の米国人フィリバスターが踏み入ることとなる。

クラブ

ウォーカーの憂いが去ったソノラを脅かしたのは、クラブ（Henry Alexander Crabb）であった。テネシー生まれで、ウォーカーとは同じ学校に通ったという旧知の間柄であった。ミシシッピーで法律の業務に就いた後、ウォーカーと同じくゴールド・ラッシュのカリフォルニアに行き、ストックトンで弁護士を務める傍ら政治の道にも入り、州上院議員を務めている。同地でスペイン人の娘と結婚するが、これが、彼をソノラと結び付けることとなる。そのスペイン人はかつてソノラにおり、財を成しながら、それを政治抗争に伴う社会的混乱の中で失い、カリフォルニアに渡っていた。クラブは妻の一族とともにソノラに執心する。(46)

その頃（一八五〇年代）、ソノラは、内憂外患絶えることなく、荒れていた。米国という外患の最たるものに脅かされていないながら、権力闘争に明け暮れるというのが当時のメキシコであったが、ソノラ州内も同様であった。ラウセ＝ブルボンに付け狙われたばかりながら、政治家は権力闘争を繰り広げ、州内は一部内戦状態にあり、自陣営の勝利のために、クラブら米国人を招じ入れ、利用する動きもあった。(47)それに乗じて、クラブは、隣国の、この富の眠る大地を我が物にしようと考えたのであったが、間もなくソノラの政争は一応収まり、米国人を導入する必要はなくなる。(48)

しかし、クラブは既にソノラ遠征を準備しており、一八五七年早々に、その一隊は陸路ソノラに入る。メシージャ条約によって国境が南に移動したことにより、新たに国境の町となっていたソノイータにおいて、クラブは、この武装した不法入国者を警戒するソノラの当局者に、三月二十六日付で書簡を送り、次のように訴えている。

「私は、入植に関するメキシコの法を尊重し、また、ソノラの最も有力な市民からの招請に応えて、百名の配下を従え、後に続く九百名に先んじて、貴国民らとともに至高の幸福を貴国に築くべく、国境を越えた。私は誰一人として傷つける意図もなく、また如何なる企みも有さずしてやって来た。この地に来て以来、私は邪な示威行動などしたこともなく、平和的な申し出をしたのみである。ただ、私が武器弾薬を携えていることは全くにして事実であるが、武器を持たずに出歩くことは、米国や他の文明国の国民には尋常でなく、特にアパッチの襲撃が日常的である土地を通らなければならないことを慮れば、なおさらである。私は貴殿らが、憤慨した行動を示し、私や配下の者を抹殺しようとしていることを知り、驚きを禁じえない。(後略)」[49]

この書簡の締めくくりには「貴殿らは何らかの決断をすることであろうが、血が流れるとしたら貴殿らの額にであって、私の額にではないことを肝に銘ずべし」[50]なる脅しも見られ、そのためソノラ当局が警戒を強め、彼とメキシコ側との緊張はますます高まっていった。メキシコ領内から退去すべしとの勧告も無視し、緊張の中、クラブ一行七十一名はソノラ中心部に向かって進み、四月一日、ソノラの守備隊二百名が守るカボルカの町に達する。両兵力が対峙する間もなく戦端が開かれ、激戦の後、四月六日にクラブは降伏する。クラブ自身を含めフィリバスターで生き残ったものは捕虜となり、少年一人を除いて全員が処刑される。[51]

この処刑をめぐって米国内では、連邦議会を含め、メキシコに対する大いなる批判が巻き起こる。[52]米国は、メキシコに入った平和的な入植者が虐殺されたかの如き主張をし、メキシコに対する公式の抗議を執拗に繰り返し、さらには、この一件を口実にメキシコに侵攻する動きもあったという。またマスコミは復讐を煽り立て、実際、アリゾナにおいては復讐に燃える米国人によってメキシコ人が迫害を受けている。[53]

一方メキシコにおいては、クラブ一行へのこの対応があったればこそ、その後、メキシコへの大規模なフィリバスターの侵入はなくなったとの評価がなされている。[54]実際、ソノラにおいては、クラブが実質的に最後のフィリバスターであった。メキシコ東部にはテキサスから侵入しようとするフィリバスターの蠢《うごめ》きはあったようだが、大規模行動を起こすには至っていない[55]。クラブの「教訓」もさることながら、フィリバスターにブレーキをかけたのは、米国の内部事情ではないだろうか。南北戦争である。南北戦争後も米国人のフィリバスター活動は見られたが、戦前ほどではない。

四．フィリバスター去って

これまでパンドレ、ラウセ＝ブルボン、ウォーカー、クラブの、各々のソノラへの進出もしくはその前段階の動きを概観したが、ここでパンドレを除く三者について振り返ってみたい。

先ず、三者とも、出身地こそ異なれ、何れもカリフォルニアをベースとするフィリバスターであった。ゴールド・ラッシュに沸く当時のカリフォルニアには、一攫千金を求めて、大なり小なり山っ気や野心のある輩が集まっていたと思われるが、三者の野心はソノラに向かう。カリフォルニアで成功しない、もしくは飽き足らない者がソノラに目を向けるという図式は、ゴールド・ラッシュが始まってすぐにできていたが、三者の中では最初にラウセ＝ブルボンがその図式に従う。彼のエルモシージョでの勝利の報が、ウォーカーを刺激し、行動を起こさせる。ウォーカーは、ラウセ＝ブルボンに接触し、共同行動への話にはならなかったが、アドバイスは受けたという[56]。

彼らの行動の大義名分は何であったかを考えるに、フィリバスターであることを当初から公言していたのはウォーカーのみである。彼は、事前の準備段階でこそメキシコに対し空しくも「入植」の許可を求めていたが、その後ラパスに上陸した際「バハ・カリフォルニア共和国」（そして後に「ソノラ共和国」）の「建国」を謳っており、それは、彼がフィリバスターであることを宣言したことに他ならない。それに対し、ラウセ＝ブルボンは、あくまでも鉱山開発会社の対アパッチ防衛の任を帯びてソノラに「入植」し、その後「ソノラ独立」を標榜している。さらにクラブは、行動の比較的初期というべき時期に非業の死を遂げたこともあって、彼のソノラ入りは「入植」を目的とするということで一貫していた。

また、各々の行動の表面的な動機も、ウォーカーと他の二者で異なり、ウォーカーは、少なくともメキシコ側からの要請をその動機としていない。それに対し、ラウセ＝ブルボンは、最初は、既述のとおり対アパッチ防衛要員の募集に応じ、行動を起こしている。また、クラブも、実質的な理由としてはラウセ＝ブルボンの場合よりさらに比重が小さくなると思われるが、ソノラの政治家からの要請でメキシコに行くことを、表向きの理由のひとつにしている。また、彼らが武器を携えていた理由として、アパッチの襲撃への備えを挙げてもいる。

メキシコで、一時的にせよ市民に歓迎されたのはラウセ＝ブルボンのみであった。また、同国政府の対応についてみれば、ラウセ＝ブルボンと接触のあった一部の為政者の対応を例外として、フィリバスターは、基本的に駆逐すべき侵略者であった。(57) それに対し、米国での反応はどうであったろうか。ラウセ＝ブルボンの行動に関しては、彼の二度目のソノラ行きに際し、実質的にその同行者を集めたことになる墨仏両国の駐サンフランシスコ領事が、中立法（Neutrality Act of 1818）に抵触したとして米国当局によって逮捕されている。(58) ウォーカーの場合は、彼が武器を積んでメキシコに向かおうとした時、カリフォルニアの軍司令官が出航禁止命令を発しているが、その司令官は解任され、ウォーカーは船を乗り換えて、結局は出航している[59]。また、メキシコ側からの追撃を国境を渡ることで逃れた彼は、米国当局に投降し、中立法違反で裁かれるが、無罪となっている[60]。クラブについては、彼が処刑されたことに対してこそ、米国政府の抗議は執拗であったが、同政府が、彼のソノラ行きに関し何らかの違法性を取沙汰した形跡は見出されない。総じて、米国政府が同国人フィリバスターに厳しく対応したとはいえないと思われる。

彼ら三人とも、社会的地位も、また教養の程度も決して低くなかった。彼らは少なくとも、金鉱掘りのレッド・ネックではなく、国内外の政治社会状況を知り、把握し得る素地を持ったインテリゲンチャであり、また政治家等の有力者と親交を持ち得る者であった。それゆえに、国境を越えての大胆な計画を立てることもできたのであろう。そこで筆者が関心を持つのは、彼らのフィリバスターとしての行動が純然たる個人レベルのものであったかどうかである。

個人レベルで行動していればこそ彼らはフィリバスターなのである、と云われればそれまでであるが、国家は、彼らの行動に対して無縁であったであろうか。彼らの試みは何れも失敗に終わっているので実害は少なかったが、その行動が国家の意向を受けてのものであるとしたら、看過ごされるべきではない。とはいえ、この疑問に対しては三者各々の場合をさらに検証しなければならず、軽々に語ることはできない。ただ、米国には、米墨戦争から自国の南北戦争までの間の時期、フィリバスターがソノラを侵蝕しようとしていた一方で、政府内にも、一貫してソノラに「関心」を持ち続ける勢力があったことは事実として挙げておきたい。

であればこそ、メシージャ条約による領土購入が行なわれたのであるが、その後もその「関心」は持たれ続けた。そのひとつの結果として、一八五九年にひとつの条約（マックレイン・オカンポ条約）が米墨両国間で結ばれている。この条約において、米国はカリフォルニア湾岸まで同国の鉄道を延ばす、すなわちソノラ州内に米国の鉄道を通すことをメキシコに認めさせているが、米国議会での批准が得られず、その鉄道敷設は実現せずに終わっている。[61]

また同じ頃、ソノラでは、米国が関わる別の問題が生じていた。米国人による州内の測量にソノラ州政府がストップをかけ、[62]それを不快とする米国が、グアイマス港に軍艦（セントメアリー号）を派遣し、一八五九年十二月、同港を砲撃するとの脅しをかけたのである。当時のソノラ州知事は、クラブの侵入に際しても決然たる対応に徹した、後世に名を残す辣腕政治家であり、彼の強硬姿勢の前にセントメアリー号は退散したが、その軍艦派遣を命じた大統領自身が、ソノラ北部領有の考えを抱いていたという。[63]

マニフェスト・デスティニーの時代の米国が、隣国の有望な土地たるソノラに「関心」を持っていたことは、ことさらに事実関係を並べなくても肯けることと思われる。問題はフィリバスターとの関わりであった。少なくとも米国人フィリバスターの行動の目標は、法治国家としての枠組みにありながらも膨張へのポテンシャル・パワーを秘めた米国の、その政府の意向と、基本的に方向を同じくするものだったと思われる。ここにこそ、問題が見出される。

ソノラに対する、北からのこのような動きは、政府によるものにせよ、フィリバスターによるものにせよ、南北戦争がなければどのように展開していたか、そしてソノラがどうなっていたか、想像もつかない。一世紀半以上前のフィリバスターと呼ばれる人々の行なったことは、米国では人の口の端に上ることも稀であろうが、標的にされた国では決して忘れられておらず、クラブの侵入を受けたソノラの町、カボルカでは、彼を打ち破った日、四月六日を今日も祝っている。(64)

五．ソノラ残ったれど

本章は、米墨戦争後の約十年間のメキシコ北西部、ソノラ（およびバハ・カリフォルニア）に対する外国人の干渉について、その表面を辿ったものである。その当時を俯瞰すれば、マニフェスト・デスティニーに酔い、勢い盛んな北の大国が、独立後の混乱にあった上に対米敗戦で疲弊しきっていた南の脆弱な国に対し、グアダルーペ・イダルゴ条約で決着がついていたにも拘らず、さらなる膨張圧力をかけていたのである。その状況の下、カリフォルニアをベースとするフランス人、そして米国人がソノラへの侵蝕を試みたのであったが、そのようなフィリバスターの標的にされた側の事情はどうであったろうか。

ソノラでは、フィリバスターの侵入に対し、現地の政府と市民が立ち向かい、撃退したのであったが、ここで敢えて問題にしたいのは政府の二元性であり、連邦政府と州政府の対応の相違である。現地での戦いをよそに、連邦政府は、ラウセ＝ブルボンの第一回目の侵入の後にも拘らず、彼の再度の侵入の試みを助長するような、外国人傭兵を国防の任に当たらせるとの策を進める。さらに、それに留まらず、ウォーカーによるバハ・カリフォルニアおよびソノラ征服の目論見を阻止すべく現地の人々が戦っている時に、メシージャ条約を締結し、ソノラの北部を米国に売り払ってしまっている。

当時、敗戦直後で国家の財政が極度に逼迫していたにせよ、国土をさらに売却するというこの政策、そしてそれを決定した為政者は、異常といえよう。その人物とは、その時点でその地位にいる筈のない、テキサス独立戦争、そして米墨戦争時の、さらに云えばそれらの敗戦の最高責任者、サンタアナであった。彼が君臨していたことがメキシコの悲劇であるが、サンタアナ個人の問題よりも、そのような人物を君臨させ続けた同国の政治状況に、さらに問題が感じられる。さすがにこの後、彼は失脚し、二度と復活しなかったが、その遅すぎた失脚のためにメキシコが、そしてソノラが失ったものはあまりにも大きい。サンタアナは、メシージャ条約締結に応ずる際、賄賂を受け取ってさえいた(65)。サンタアナが去っても、連邦政府のソノラ軽視は続く。セントメアリー号の事件へと拡大していくことになる、米国人によるソノラの測量問題も、連邦政府がソノラ州政府の意向を無視して当該企業と契約を結んだことに原因があった(66)。

一八五五年から翌年にかけて、ソノラでは市民が連邦政府を糾弾し、爾後ソノラの土地は一坪たりとも外国に売られるべきでないこと、また、グアダルーペ・イダルゴ条約で支払われた一五〇〇万ドル、メシージャ条約で最初に支払われた七〇〇万ドルが、国境州のために使われなかったことから、せめて残りの賠償額、三〇〇万ドルは国境域の住民を増やし、その防衛を強化するために使用されるべきことを訴えたが、空しかった(67)。このような事情を、当時の地元紙は「結局売られるのか」と題する記事で次のように表している。「哀れなソノラ！ 母国はお前の継母でしかなく、国を動かしている力といったら、国土を切り売りすることに腐心する商人だってことを見せつけられたよな。」[68]

本章では、十九世紀半ばのソノラの一時代を垣間見たが、解題の対象は、多々、残したままである。米国人フィリバスターとの関わりで、米国という国の、メキシコそしてソノラへの「関心」については一応言及したが、フランスについてはどうであろうか。ラウセ＝ブルボンに関しては、彼が米国カリフォルニアのフィリバスターであり、たまたまフランス人であったということなのであろうか。少なくとも、ラウセ＝ブルボンがグアイマスの刑場の露と消えた後、十年を待たずして、ナポレオン三世治世下のフランスは、次章で見るとおり、メキシコを侵略し、傀儡《かいらい》政権を押し付けることで、数年間のみとはいえ、同国を支配するに至っている。ラウセ＝ブルボンが二度にわたって上陸したカリフォルニア湾の良港、グアイマスには、彼の行動以前にも、以後にも、フランスは関心を寄せており、右記のメキシコ侵略に際してもグアイマスに艦隊と地上軍を派遣し、一年半の間、占領している。[69]

本章が対象とした時代からは百五十年を経、当時人口十五万人にも満たなかった過疎の地ソノラは、今日では人口二百二十万人余を擁するまでになっている。[70] グアイマスもラパスも、港湾都市として、また保養地として栄えている。クラブ一行も通過したソノイータは今日、税関検査の厳しいチェック・ポイントとして知られているが、ソノイータが現在もソノラに、即ちメキシコに属することは、皮肉にももう一人のフィリバスター、ウォーカーのおかげかもしれない。ウォーカーの侵入がなければ、メシージャ条約は現国境線よりも（そしてソノイータよりも）南、すなわちコロラド川の河口をほぼ東西に通る線を新国境にしていた可能性もあったのであり、[71] その場合、ソノイータも米国領内となるからである。

ソノイータは昔のまま残ったが、ソノラ北部の要衝トゥーソンは今日、米国アリゾナの一大都市となっている。同市には「オールド・トゥーソン」という西部劇の町を再現した、ジョン・ウェインがこよなく愛したという観光施設があるが、歴史上のオールド・トゥーソンはメキシコの町であった。昔のままに残らなかった存在で忘れられるべきでないのがアパッチである。フィリバスターに、その行動の口実に利用された彼らは、結局、米国政府によって保留地に閉じ込められる一方、ハリウッド映画の題材にされ、好奇の目に曝されている。

グアイマス、ラパスに限らず、ソノラ、バハ・カリフォルニア両州とも米国からの観光客や長期逗留者で潤っている面は小さくない。米国ナンバーの車と、米ドル、英語が当たり前になっている地域もあり、メシージャ地区の売却以来、米墨国境は固定されているものの、実質的には国境は南下しているかの観さえある。もっとも、その反対に、メキシコからは労働力が米墨国境を越えて北に流入し、メキシコ系もしくはメキシコ人コミュニティーの拡大につながっており、国境の実質的移動を云うなら南向きも北向きもあるようであり、特に後者が北の国で問題視されている。そして、バハ・カリフォルニアのティフアナ、ソノラのノガーレスという対米国境の都市は不法越境の拠点となっている。

注

（1）A. H. Marry et al., *The English Oxford Dictionary, Second Edition*, Clarendon Press, 1989, V. p.906.
（2）Edward S. Wallace, *Destiny and Glory*, Coward-McCann, Inc., 1957, pp.30.

（3）*Ibid.*, pp.27, 39-40, 45-46.

（4）*Ibid.*, pp.53-56.

（5）*Ibid.*, pp.68-100. Robert E. May, *Manifest Destiny's Underworld: Filibustering in Antebellum America*, University of North Carolina Press, 2002, p.287.

（6）Donald Marquand Dozer, *Latin America: An Interpretive History*, McGrawhill, 1962, p. 299.

（7）May, *op. cit.*, p.291.

（8）メキシコの全三十二州のうち、ソノラは州民一人当たりで見た歳入は八位ながら、租税納付額は二位である（一九八八年）。また、州人口における高所得（最低賃金の五倍）者の比率では上位四位、同じく低所得（最低賃金以下）者の比率で下位二位であり（一九九〇年）、貧しくない（因みに同じ指標で最も富裕であるのはバハ・カリフォルニアである）。また、ソノラの豊かさを形成するものに鉱業があるが、銅の生産量は全国の九割を占める（一九八八年）。（James B. Pick & Edgar W. Butler, *The Mexico Handbook: Economic and Demographic Maps and Statistics*, Westview Press, 1994, pp.237, 292, 350）

（9）Richard Griswold del Castillo, *The Treaty of Guadalupe Hidalgo: A Legacy of Conflict*, University of Oklahoma, 1990, pp.183-184.

（10）*Ibid.*, pp.187-188.

（11）米国によるメシージャ地区の獲得は、エルパソと太平洋岸を繋ぐ鉄道敷設のための土地確保が目的だったと言われる一方で、アリゾナの鉱物資源が米国の目的の最たるものだったとの見方もある。鉄道が敷設されたのは購入後二十五年を経てからだったのに対し、鉱山開発は購入の直後に着手されている。

（12）Griswold del Castillo, *op. cit.*, pp.190-191.

（13）ヤキは、その抵抗ゆえに、遠隔の地ユカタン半島に強制移住させられるなどの受難を経て、今日、ソノラのほか米国アリゾナで生活しているが、ソノラの政治抗争に大いに利用された事もあり、ソノラの歴史を考える上で重要な存在である（Raquel Padilla Ramos, *Yucatán, Fin del Sueño Yaqui: El Tráfico de Los Yaquis y El Otro*

Triunvirato, El Gobierno del Estado de Sonora y la Secretaría de Educación y Cultura, 1995 など参照)。

（14）Edward H. Spicer, *Cycles of Conquest: The Impact of Spain, Mexico and the United States on the Indians of the Southwest, 1533-1960*, University of Arizona Press, 1962, pp. 229-235.

（15）Eduardo W. Villa, *Compendio de Historia del Estado de Sonora*, Editorial "Patria Nueva", 1937, p.242.

（16）Griswold del Castillo, *op. cit.*, pp. 58-60. なお、米国がコントロールすべき先住民には、アパッチのみならず、より東方を生活領域としていたコマンチも含まれていた（*Ibid.*）。また、米国はアパッチをコントロールしなかったばかりか、彼らがソノラを襲撃することを自国に好都合と考えていたとの指摘もある (Rodolfo Acuña, *Occupied America: A History of Chicanos (Third Edition)*, Harper Collins, 1988, pp.86-87)。

（17）Wallace, *op. cit.*, pp.107-108.

（18）Horacio Sobarzo, *Cronica de la Aventura de Raousset-Boulbon en Sonora*, Librería de Manuel Porrúa, 1954, pp.74-75. Wallace, *op. cit.*, p.109.

（19）Sobarzo, *op. cit.*, p. 51. なお、パンドレに同行したフランス人の数をウォーレスは百五十人としているが、後述のラウセ＝ブルボンがグアイマスに赴いたときの同行者の数（百五十）と混同したものと思われる（Wallace, *op. cit.*, pp.110, 112)。

（20）Sobarzo, *op. cit.*, pp.52-56.

（21）パンドレの死後か否かは定かでないが、ココスペラでフランス人達がアパッチと交戦した事実に基づく記述は存在する（Joaquín Ramírez Cabañas, *Gaston de Raousset: Conquistador de Sonora*, Ediciones Xochitl, 1941, p.75)。

（22）Luis G. Zorrilla, *Historia de las Relaciones entre México y los Estados Unidos de América 1800-1958*, *Tomo 1*, Editorial Porrúa, 1965, p. 305.

（23）Wallace, *op. cit.*, p.111.

（24）Sobarzo, *op. cit.*, p.76. Wallace, *op. cit.*, pp.112-113.

（25）Hypolite Coppey (traducido por Alberto Cubillas), *El Conde Raousset-Boulbon en Sonora*, Librería de Manuel Porrúa,

1962, p.16. なお、ブランコ将軍ほか、ソノラ当局者の何人かは、ラウセ＝ブルボンが契約していた鉱山開発会社のライバル会社と関わっていた（Rufus Kay Wyllys (traducido por Alberto Cubillas), *Los Franceses en Sonora (1850-1854)*, Editorial Porrúa, 1971, p.60）。

（26）Ana Rosa Suárez Argüello, *Un Duque Norteamericano para Sonora*, Dirección General de Publicaciones del Consejo Nacional para la Cultura y las Artes, 1990, p.35.

（27）その実力者とはガンダラ（Manuel María Gándara）で、フランス人の侵入を利用し、自分の権力奪取を考えていたとの指摘もある（*Ibid.*, p.123）。

（28）Sobarzo, *op. cit.*, pp.98-114, 119-130.

（29）*Ibid.*, p.134.

（30）Coppey, *op. cit.*, p.30.

（31）*Ibid.* Sobarzo, *op. cit.*, pp.134-142.

（32）Sobarzo, *op. cit.*, p.141.

（33）*Ibid.*, pp.151-152.

（34）Coppey, *op. cit.*, p.37.

（35）Laureano Calvo Berber, *Nociones de Historia de Sonora*, Librería de Manuel Porrúa, 1958, pp.180-181.

（36）*Ibid.*, pp.182-183. なお、このリクルートに当たったメキシコ領事は、外国のために人を雇用することを禁じた法（中立法）を犯したとして米国当局に逮捕されている（*Ibid.*）。注58参照。

（37）*Ibid.*

（38）この時、一行の中のドイツ人は主戦論に与したが、アイルランド人とチリ人は攻撃に参加しなかったという（Villa, *op. cit.*, p.251-252）。米墨戦争時にアイルランド系米兵がメキシコを攻撃しなかったエピソードが思い起こされる。

（39）Coppey, *op. cit.*, pp.45-50. Calvo Berber, *op. cit.*, pp.185-186.

（40）Coppey, *op. cit.*, p.50.

（41）Wallace, *op. cit.*, pp.144-147.

（42）*Ibid.*, pp.147-148.

（43）*Ibid.*, p.147. Zorrilla, *op. cit.*, p.308.

（44）Wallace, *op. cit.*, p.151.

（45）May, *op. cit.*, pp.41-42.

（46）Wallace, *op. cit.*, p.116.

（47）当時のソノラ政界を単純化すれば、ラウセ＝ブルボンが接近を試みたことで既述のガンダラ派と反ガンダラ派が争っていた。クラブが侵入した頃は、反ガンダラ派で、ソノラ史上に残る辣腕政治家ペスケイラ（Ignacio Pesqueira）が権力を掌握していた（Ignacio Almada Bay, *Breve Historia de Sonora*, El Colegio de México, 2000, pp.124-125）。

（48）Wallace, *op. cit.*, p.117.

（49）House of Representative, *Execution of Colonel Crabb and Associates (Message from the President of the United States, Communicating Official Information and Correspondence in Relation to the Execution of Colonel Crabb and his Associates.)*, 1858, p.31.

（50）*Ibid.*

（51）Calvo Berber, *op. cit.*, pp.199-202.

（52）投降した者を翌日処刑し、さらにクラブについては銃殺後、その首を酢漬けにして晒しものにした、その残酷さ（一人処刑を免れた少年が克明に証言した）が問題となり、国務省が調査をするに至っている。右記注49に挙げた資料は、その報告書である。

（53）Acuña, *op. cit.*, p.87.

（54）Zorrilla, *op. cit.*, p.372.

(55) May, *op. cit.*, p.43.
(56) Wallace, *op. cit.*, p.115. 野心家同士が共同歩調を取ることの方が想像しにくいが、実際のところ、ラウセ＝ブルボンとグアイマスで合流することになるフランス人らを乗せた船を、ウォーカーは過積載で告発し、出航を遅らせるという、ライバルに対する妨害をしている。
(57) クラブに介入を要請したとされる反ガンダラ派（注47参照）は、クラブ一行がソノラに入ったときには、ソノラの政治的権力を手中にしており、クラブを討つ側であった。また、情勢が変わり、ガンダラの方がクラブに支援を仰いだとの情報もあるが、クラブがソノラに入った時には、彼は既にソノラの当局者ではなかった。
(58) フランス領事は、米仏間の外交的事情ですぐに解放されている（Calvo Berber, *op. cit.*, p.182）。
(59) *Zorrilla, op. cit.*, pp.307-308.
(60) Wallace, *op. cit.*, pp.156, 162.
(61) Rodolfo Acuña, *Sonoran Strongman: Ignacio Pesqueira and His Times*, University of Arizona Press, 1974, p. 61.
(62) ある企業（ジェッカー・トーレ社）がソノラの州内の測量を行なうことを、連邦政府が、ソノラ州政府の同意なしに契約した。さらにその企業は測量の実施を米国サンフランシスコの会社に請け負わせたが、それはソノラにとって問題であった。当時メキシコでは、未登記地を測量した者はその土地の三分の一を譲渡され、さらに別の三分の一を優先的に購入できることになっていた。すなわち三分の二が測量者のものになり得たのであるが、ジェッカー・トーレ社は、そうして得られる土地の半分をサンフランシスコの測量会社に与える契約をしていた。多くの土地が米国人の所有になり得るわけで、ソノラ州政府はそのことに危機感を抱き、ストーン（Charles P. Stone）なる米国人のソノラにおける測量事業に対し、その事業遂行を認めず、彼に退去勧告を発したというものである（*Ibid.*, pp.55-56）。なお、ジェッカー・トーレ社はかつてラウセ＝ブルボンと契約した会社でもある。
(63) *Ibid.*, p.57.
(64) May, *op. cit.*, p.293.

（65）Wallace, *op. cit.*, p.114.
（66）注62参照。
（67）Calvo Berber, *op. cit.*, p.178.
（68）*La Estrella de Occidente*, August 19, 1859, quoted in Acuña (1974), *op. cit.*, p.61.
（69）Ignacio Almada Bay, "Francia en Sonora: Una Introducción", Ignacio Almada Bay (coordinador), *Francia en Sonora*, Instituto Sonorense de Cultura, 1993, p.14.
（70）ソノラの人口は一八五〇年で十四万七千百三十三人（Instituto Nacional de Estadística, Geografía e Informática, *Estadísticas Históricas de México*, 1994, quoted in Almada Bay (2000), *op. cit.*, p.128）、二〇〇〇年で二百二十一万六千九百六十九人（Instituto Nacional de Estadística, Geografía e Informática, *Anuario Estadístico de los Estados Unidos Mexicanos, Edición 2001*, 2002, p.40）である。
（71）Wallace, *op. cit.*, pp.151-152.

（本章は、拙稿「米墨戦争後のメキシコ北西部――ソノラへのフィリバスターの侵食――」亜細亜大学国際関係研究所『国際関係紀要』第十三巻第一号、二〇〇三年、二七―五五ページ、に加筆、修正したものである。）

第四章 フランスよ、お前もか

一・メキシコにとってフランスとは

米国の隣国となったこと、それはメキシコの宿命的災禍であった。第一章で辿ったとおり、メキシコは先ずテキサスにおいて、米国人に入植を認めたばかりに、庇《ひさし》を貸して母屋を取られるの如く領土を失っている。さらにその後、米墨戦争を仕掛けられ、テキサス以西のカリフォルニアに至る領土を割譲させられ、メキシコは独立達成時に擁していた国土の半分以上を米国に領有されるに至っている。そのような歴史的経緯もあって、メキシコにおいて米国の評判はいまだに芳しくない。

一方、メキシコでは対仏戦勝記念日である「五月五日」(Cinco de Mayo)が重要な祝日で、国を離れたメキシコ人が、米国の地でもそれを祝っているほどである。フランスがメキシコを侵略したればこその「五月五日」である。しかし、「五月五日」を祝い、対仏戦のことは知っていても、フランスという国に対しては、米国に対してそうであるような怨嗟の声は、普通には聞かれない。メキシコ市の地下鉄はフランスのデザインであるとか、同市の大通りであるレフォルマ通りはパリのシャンゼリゼ通りを真似て造られたなどとの話をメキシコ人から聞かされる時、フランスは比較的よいイメージをもたれているようにさえ思われる。

かつてフランスがメキシコを侵略し、「メキシコ皇帝」をヨーロッパから送り込んで短期間ながら支配した歴史は、メキシコ人にとって常識的知識ではある。にもかかわらず、フランスが比較的よいイメージをもたれているとしたら、それは同国以上の侵略者がおり、その者とのまさしく比較上のこと、相対的なことかもしれない。一方からの災禍があまりにも大きかったので、他方からのそれは取るに足りなかったということであろうか。それともフランスという国のもつ魅力の奥深さであろうか。

フランスが、メキシコをかなりの程度、蝕んだのは事実である。「五月五日」の由来となった侵略のみならず、メキシコはフランスの横暴の犠牲となっているのであるが、それらの中には、メキシコにおいてさえ必ずしもよく知られていないように思われることもある。いわんや外国においてをやである。本章では、領土をめぐる米国の所業ばかりが目立つ、メキシコ独立後の混乱期である十九世紀半ば頃に、メキシコに対しフランスが行なったことを探り、考えてみるものである。

メキシコにとってフランスという国が如何なるものであったかを考えるために、先ず前者の独立以前に遡っての経緯から見てみるとする。メキシコはテキサスを失ったが、その背景として、米国がルイジアナを領有したことは小さからぬ意味を持つものである。一八〇〇年にルイジアナはスペイン領からフランス領へと移るが、その譲渡は、フランスは同地を他国に譲らないとの条件の下で成立していた。しかし、現実には一八〇三年という早きに、フランスはスペインとの約束を反故《ほご》にし、同地を米国に売却する。その結果、スペイン領ヌエバ・エスパーニャ（後のメキシコ）は、米国という強力な膨張主義国家と国境を接することになるのである。

さらにフランスは、ルイジアナの西側の境界を曖昧にしたまま米国への売却を行なっているが、それは、米国とスペイン（ヌエバ・エスパーニャ）で国境トラブルが起こるよう実質的に策謀したのである(1)。米国・スペイン間の争いになった時に、スペインがフランスの助けを必要とする状況になるのを見越し、フランスはスペインに対する優位を獲得するために、そのような策謀をめぐらしたというのである。

その後、ルイジアナとテキサスの境を巡っては、実際に米国とスペインとの間で係争となったものの、両国間で外交決着（一八一九年）しており、フランスがその決着に役割を果たすことはなかった。その後、ルイジアナからなだれ込んだ米国人が、元スペイン領で当時はメキシコ領となっていたテキサスを独立させ、メキシコにその領土を失わせることになったことは、第一章で辿ったとおりである。ルイジアナが米国領となり、メキシコが米国の隣国になったればこその展開であり、メキシコの領土喪失にフランスは関わりなしとは云えないのである。

二．フランスのメキシコへの侵攻、ケーキ屋戦争

スペイン領ヌエバ・エスパーニャは一八二一年にメキシコとして独立するが、その新生国家の前途には多難なものがあった。独立時のリーダー自らがメキシコ皇帝として即位するなど、滑稽ともいえる様相を呈した新国家は、一八二四年に共和国として憲法を発布するに至るが、独立後の三十年間で、政権が五十回も交代するほどの混乱が続いた。独立戦争で全人口の十分の一もが犠牲となり、さらにそれが労働力人口の半分を占めていたことで、当然にして生産は著しく停滞し、経済不振にあえいでいた上に、国づくりを推進すべき政治家は権力闘争に明け暮れていたため、時に内乱の様相を呈していたほどであった。(2)

このような混乱の極みにあるメキシコを、新興大国、米国、そしてヨーロッパの国々が、蝕もうと狙っていた。メキシコのみならずラテンアメリカ全体を勢力下におくことを目論む米国は、一八二三年にモンロー宣言を発し、自らの西半球の盟主たるを誇示し、また、メキシコの北方領土獲得に動くのであった。一方、ヨーロッパの国では、スペインがアメリカ大陸の旧植民地を再征服する機会を虎視眈々と窺ったが、その野望は果たせなかったばかりか、米国にモンロー宣言を発する根拠を与えることになるのみであった。

スペインの旧植民地再征服の意図は、ロシア、オーストリア、プロイセンによって支持され、また、ロシアは米大陸の北の方から当時のメキシコ領、カリフォルニアに触手を伸ばそうとしていた。スペイ

ンはメキシコにおける最後の拠点、ベラクルス港内の要塞を一八二五年に武力衝突で失ってからも、奪回への画策を続け、一八二九年にもメキシコ侵攻を試みるが、撃破されている。その時のメキシコ軍を率いていたのが、本書に何度も登場する、あのサンタアナであり、スペインに対するその勝利が彼をヒーローにし、国政の場に登場せしめたのであった。(3) スペインは、独立後十五年を経た一八三六年になって、ようやくメキシコの独立を承認する。イギリスも、ラテンアメリカ全体で富を吸い上げる構図を着々と築き、メキシコに対しては、米国への牽制も絡め、自国の利害のために上手く立ち回っていた。(4) そして、最も露骨にメキシコを蝕もうとしたヨーロッパの国がフランスであった。

メキシコは政情不安が時に社会の騒擾《そうじょう》状態をもたらしていた。その混乱の中で外国人が被害に遭うこともあったが、その被害をたくみに自国の権益確保に利用しようとしたのがフランスである。同国は自国が有利になる条約の締結をメキシコに対し望んでいた。既に締結した他国との条約において、メキシコは「相手国に対する借款の要求、および相手国の国民による小売業務の禁止ができること」を認められていた。しかしフランスは、その両事項を削除しての条約締結を望み、メキシコに圧力をかけていた。(5)

当時の駐墨フランス大使は、内乱状態のメキシコにおいてフランス人が受けた被害について、当事者の申告を検証することなく、その賠償等をメキシコ政府に求めたが拒絶され、(6) 一八三八年一月に一旦は帰国した。メキシコは状況打開のために特使をパリへと派遣するが埒が明かず、帰国していたフランス大使は、件《くだん》の賠償要求に加え、前段で挙げた条約に関する二つの要求事項を添え、それを最後通牒としてメキシコに突きつけるべく、艦隊をメキシコに派遣した。(7)

フランス艦隊は一八三八年三月にメキシコ沖に到着し、同四月に司令官が賠償額六〇万ペソ等の要求についてメキシコ側と交渉するが、軍艦を背後にして迫るフランスの行動を脅迫と捉えるメキシコはそれに応じず、フランスは両国間の外交関係の中断を宣言し、実力行使に及び、メキシコ湾岸の要衝、ベラクルス港を封鎖する。その後、フランスが艦船と兵員の数を増強したところで、ようやくメキシコは交渉に応ずることになる。フランスは艦隊の派遣費用二〇万ペソの支払いを求め、メキシコ側の譲歩はあったものの、フランスは要求を続け、同年十一月、フランス軍はベラクルス港内の、かつてスペインがメキシコ最後の拠点とし、当時はメキシコ軍が駐留していた、サンファン・ウルア要塞を攻略する。さらにベラクルス市内に攻め入ったが、同年十二月、結局フランス勢は海に押し戻され、六〇万ペソを可及的速やかに払うとのメキシコの提案を受け入れ、フランスは矛を収める。(8)

賠償要求をしたフランス人債権者の商売に因んでケーキ屋戦争（Guerra de la Pastelería）と呼ばれるこの戦争は、メキシコが独立はしたものの政治の安定には程遠い時に、仕掛けられたものであった。当時のメキシコ政界では中央集権派（保守派）と連邦派（自由派）が政治のヘゲモニーをめぐって争っていた。フランスに賠償等の要求を突きつけられた時、大統領は中央集権派のブスタマンテ（Anastasio Bustamante）であったが、その時代に生きた米国人歴史家は、ブスタマンテはフランスという外敵よりも連邦派や他の敵対勢力に対しての防御に腐心していたと指摘している。(9)

しかし、筆者が注目したいのはメキシコ側の問題よりも、新興独立国の混乱に乗じて自国の利益を拡大しようとした先進国の行動である。現実にメキシコ国内の混乱の中で、外国人は略奪などの被害を受けていたが、それを逆手に取ったが如くのフランスの行動は、新興国を蝕んだものと捉えられる。この時の行動でフランスが得たものは取るに足りないが、メキシコに与えた影響は看過できない。大西洋貿易の要衝ベラクルス港を封鎖することで、もとより疲弊していたメキシコ経済をさらに疲弊させたことだけでも罪深い。しかし、経済は後の復興によって補いがつくかもしれないが、もっと他の、ある意味では取り返しのつかない災厄を、フランスはメキシコにもたらしたのではないだろうか。

メキシコを蝕むという意味では、比較にならない程のことがその二年前に起きていた。米国人がテキサスを独立させたことである。これは、当事国の国民ならずとも世人のよく知るところであり、米国人が「アラモを忘れるな」(Remember the Alamo!)と叫ぶに劣らず、メキシコ人はその悔しさを現在に伝えている。そのテキサス喪失時のメキシコ最高権力者にして、自ら戦場に赴き、慢心もあって敗軍の将となったばかりかテキサス軍の捕虜となり、テキサス独立を認める条約に署名することで、自分は解放されたのが、サンタアナである。

彼は、一八二九年に再征服を目論んで侵攻してきたスペイン軍を撃退した英雄として、国政の場に登場したが、一八三六年のテキサス敗戦で失脚し、亡命を余儀なくされていた。しかし、一八三八年、フランスのベラクルス攻撃時に、メキシコ政府は、サンタアナを軍のリーダーとして呼び戻し、ベラクルス防衛の任に当たらせたのである。苦戦しながらもメキシコ軍はフランス勢を大西洋に押し返し、サンタアナは負傷し、片足を失う。片足となって国を守った英雄は、再び国家の権力を手中にする。それは、メキシコにとって大いなる悲劇であった。その後一時期、再び失脚することもあったとはいえ、サンタアナの君臨したメキシコは、米国との戦争(米墨戦争　一八四六年―一八四八年)を回避できず惨敗し、テキサス以西の北方領土を割譲させられる。テキサスの災厄だけを取ってみても十分に国を誤らせた為政者が、さらに規模では数倍となる災厄を、またもや国にもたらすのである。

勿論、メキシコのリーダーが他の誰であり、その政治が如何様であっても、当時の米国の膨張主義に抗うことは極めて困難であったと思われる。しかし、サンタアナはテキサス喪失の責任で、国のリーダーとしては万死にも値する人物である。メキシコにとっては、復活させてはならない人物であった。仮に、メキシコにとって米墨戦争、そしてその敗戦が、やむを得ないもの、もしくは一為政者に責任を負わせられるものでないにしても、対米国敗戦で領土を割譲させられた後の領土売却（メシージャ地区の売却）は、まっとうな為政者が国を統治していれば避けられたことと思われる。その売却の際、サンタアナは米国側から賄賂を受け取ってさえいるのである。(10) メキシコにとって、サンタアナがもたらした害はテキサスだけでも十分過ぎるものであり、実際、彼は失脚し、一旦は国を去った。その彼を復活させたのが、一八三八年のフランスのベラクルス侵攻であった。サンタアナを復活させたのはメキシコの愚かさであるが、意図せずしてそれを演出したのがフランスなのである。やがてフランスは再びメキシコに攻め入り、より明白で強力な災厄の主となる。

三．マキシミリアン帝政

メキシコ人がケーキ屋戦争と茶化す戦争は一八三八年末のことであったが、その八年後、メキシコは茶化すどころではない国難、米国との戦争という事態に立ち向かわされる。その前年にテキサス併合を果たした米国は、さらにその西に広がるメキシコ領土を獲得すべく、一八四六年四月、テキサスの南限に関しての米墨間の見解の相違を巧妙に利用し、開戦の口実を得ると、翌月、メキシコ領に攻め入り、圧倒的に勝利する。その結果、一八四八年にメキシコは、テキサスを含めた旧領土の過半となる国土を米国に割譲させられるのであるが、その戦争時、国を率いていたのが、あのサンタアナであったことは再三記したとおりである。負け戦のリーダーは、敗戦の直前に失脚して亡命生活を送るが、またもや蘇ることになる。保守派によって亡命先のベネズエラから呼び戻され、一八五三年に大統領として復帰する。しかし、その翌年には自由派によって追放され、爾後、復活することはなかった。

一八五四年に国政のヘゲモニーを握り、サンタアナを追放した自由派は、国家の再建に向けて改革に乗り出すが、保守派の抵抗が著しく、一八五七年には両派が各々に大統領を出し、メキシコはファアレス(Benito Juárez)率いる自由派政府とスロアガ(Félix Zuloaga)を大統領とする保守派政府が併存する分裂状態に陥る。カトリック教会に支援され、資金力に勝る保守派の攻勢で、一旦は米国に逃れた自由派政府は、次第に盛り返し、一八六一年に勝利する。[11]

この両派への外国の対応は、明確に二分される。米国は自由派を支援し、メキシコへの関心小さからぬヨーロッパ列強は保守派を支持していた。[12]米墨戦争以前からイギリスとスペインはメキシコに君主を擁立する考えを抱き、それはメキシコ国内の保守派の考えとも一致するところがあった。保守派は君主を戴くことでの国家統合を目指し、西半球に領土を持っていた英西両国は、米国が強大になることの不利益から、その防波堤的位置付けでメキシコの安定を望んでいた。[13]そのような状況の下、実際にメキシコに君主を擁立した国があったが、それはイギリス、スペインの何れでもなく、フランスであった。

権力争いという意味においてこそ国を掌握した自由派政府であるが、破綻状態の財政を再建するという難題に取り組まなければならず、そのことが再び国難を招くことになる。一八六一年六月、政府は対外債務と利子の支払いを凍結したが、それを不快とする債権国が武力干渉するに至った。債務の中心はかつて保守派政権がつくったものながら、その保守派を支援していたスペイン、イギリス、それにフランスが、実力行使して債務履行を自由派政府のメキシコに迫り、同年十二月から翌一月にかけて、これら三国はベラクルスに軍を派遣したのであった。自由派政府との交渉の結果、一八六二年三月にスペイン、イギリスは軍を撤退させるが、フランス軍は残留した(14)。

フランスは撤退しなかったばかりか、軍を増強し、メキシコ制圧に乗り出す。目の上のこぶ、米国は、南北戦争でメキシコにかまけていられない時であった。しかし、フランス軍は首都の攻略に向かう途上、メキシコ市の南東に位置するプエブラで展開されたメキシコ軍との戦闘において惨敗を喫する。一八六二年五月五日のことであり、本章冒頭で触れたメキシコの祝日、「五月五日」はこの日に因む。一年後、フランスは、さらに増強した自軍とメキシコ保守派の残党軍をもって、自由派政府軍に攻勢をかけ、自由派政府は対米国境の町パソ・デル・ノルテ(15)に政府を移すことを余儀なくされ、実質的にフランスがメキシコを支配することとなる(16)(図7参照)。

フランスはメキシコの支配をオーストリア皇帝の弟、マキシミリアン大公(Ferdinand Maximilian)に委ね、一八六四年にメキシコ皇帝として即位させる。マキシミリアンは、善政を施し、メキシコの民を救うという、ロマンチックな夢を抱きつつ、保守派とフランス軍の待つメキシコに赴く。彼の考えは、自分を迎えた保守派よりも、北の国境に逃れた自由派に近かったと云われる。実際、言論や信教の自由

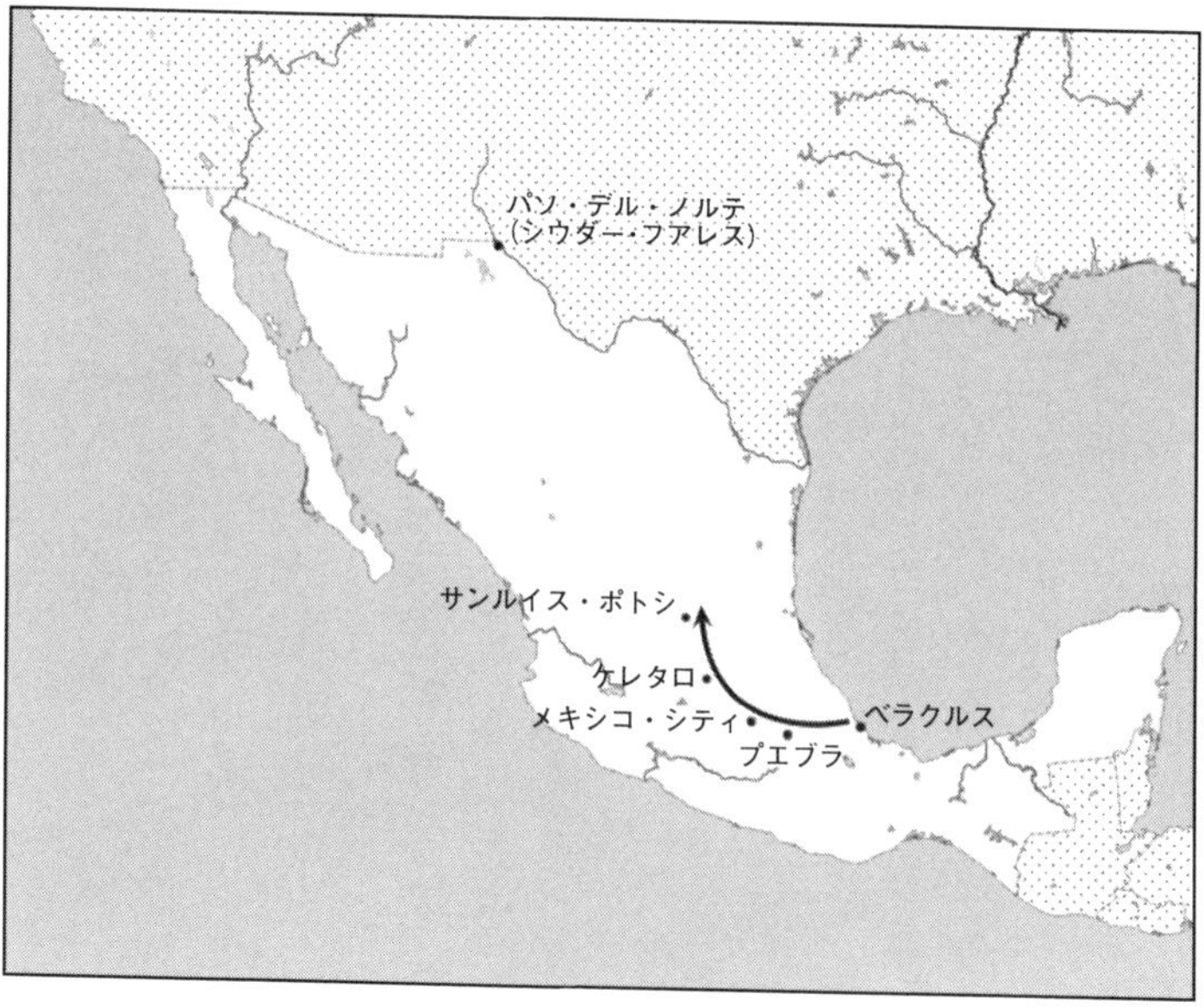

図7　フランスの侵攻

を認めたに留まらず、自由派政権の打ち出した、教会が財産を保有することを禁止する政策を踏襲しようとしたが、メキシコ最大の地主たる教会を含む国内の保守派の反発を買ったのみであり、保守勢力に嫌われる自由主義的な施策を導入しようとしたからといって自由派の支持を得るということも殆どなく、はたまた米国に理解されることもなかった。自由派にとっては、マキシミリアンは、その施策がどうであれ、所詮は侵略者フランスの傀儡でしかなかった。

やがて、ヨーロッパ情勢の変化で、フランスがメキシコ駐留軍を帰国させる事態となり、また、南北戦争終結後の米国が自由派への支援を活発化させる。攻勢を強めた自由派勢力に対し、マキシミリアンは劣勢の戦いを強いられることになり、彼は、一八六七年に首都北西のケレタロで自由派政府によって捕らえられ、米国をも含む諸外国政府からの助命要請も空しく、処刑されている。[17]

かくして、メキシコに対するヨーロッパの干渉には終止符が打たれるのであるが、米墨戦争後の疲弊したメキシコへのこの干渉を、もう一度辿ってみる。西、英、仏のヨーロッパ三国は、メキシコに直接干渉する前に、頻繁に相互に連絡を取り合っていた。各々に思惑を秘めながらも、米国を利することになるメキシコの混乱状態については、その収拾を望んでいた。特にスペインは、三国が協調してメキシコの安定を達成することが、将来起こり得る同国の米国による併合を阻止できるとして、積極的に他の二国に働きかけていた。この時スペインは、米国との戦争に至る事態も想定していたと云われる。スペインは基本的にメキシコの保守派との連携を宗としており、それゆえ、自由派政府が勝利した後には同国の駐墨大使は追放されている。[18]

スペインからの働きかけに対し、イギリスは冷めた見方をしており、同国のある政府高官は、一八五八年に「メキシコが将来のいつか米国に吸収されることも大いにありうるが、それはヨーロッパに米州の南の国々との交易促進をもたらし、また、米国を分裂、さらには崩壊させることにもなろうゆえ、実に好都合なことと自分には思える」[19]との見解を表明している。同国は、スペインからの要請に加え、メキシコ在住のイギリス人からの、米国によるメキシコ併合阻止を訴える要請があっても、当初は事態を静観し、ファアレスの自由派政府に対し好意的であった。[20]

フランスは、二政府併存の段階で収拾のために動きはするが、その政府高官が考えていたことは、君主制の導入こそが、メキシコの安定をもたらすということであった。基本的に保守派支持であったので、ヘゲモニーを握った自由派政府に対しては強硬であった。債務の履行を容赦なく迫り、メキシコ側の要請、釈明を意に介さず、実力行使も早期にちらつかせていた。[21]
イギリスは、メキシコの安定には時間を要すると考えていた。しかし、教会から接収した財産などがありながら、財政再建が一向に進まず、債権国の理解を得られる方針を打ち出さない自由派政府に対し、次第に不信の念を強める。一八六一年六月、自由派政府が向こう二年間の債務履行停止を発表するに至り、フランスは勿論のこと、イギリスも忍耐の限界に達する。メキシコとしては、対外債務を履行していたのでは、国庫の歳入全てがそれに充てられ、国家の再建がおぼつかなかったのである。対する仏英両国の側では（少なくともその駐墨大使にあっては）、メキシコという国の政治、その政治家の資質、そして同国民そのものに、既に倦んでいたのであった。[22]
この二国が実力行使の方針を固めると、スペインも同調し、三国は一八六一年十月、メキシコに対し、共同して圧力をかけることで合意する。三国が艦船を派遣し、ベラクルス港を制圧することになる、この三国干渉と呼ばれる事態は、メキシコが三国に負うとされていた債務（対イギリス七〇〇〇万ペソ、対フランス二〇〇〇万ペソ、対スペイン一〇〇〇万ペソ）を履行させるため、さらにメキシコの内政安定を実現させるためであったとされる。一八六一年十二月にスペインが六千の兵員を上陸させたのを皮切りに、翌年一月、フランス軍三千とイギリス軍八百の兵員が相次いで上陸し、ベラクルスの税関をその管理下に置いた。[23]
三国は、メキシコの内政を安定させるという一致した目的を有しながらも、その実現のあり方をめぐっては、当初より割れていた。フランス、スペインは、君主制導入による国の安定化を考えていたが、イギリスは同調しなかった。さらにフランスは、単に君主制を主張するに止まらず、具体的に皇位に就く者としてマキシミリアンの名を挙げていたが、それにはスペインが不同意であった[24]。

ベラクルス上陸後、三国はファアレスの自由派政府と交渉し、一八六二年二月、事態打開に向けて一応の合意が見られたものの、フランスが事態収拾を阻害する動きに出る。フランスは、君主制実現に向けてメキシコの保守派と結託していたのである。イギリス、そして、君主制導入の考えを捨てたスペインは、ファアレスの自由派政府を支持し、三国の協調体制は崩壊し、一八六二年三月、フランス以外の二国は軍を撤退させる[25]。

その後、フランスは兵力を増強して本格的にメキシコを攻め、一八六三年に首都を制圧し、ファアレス率いる自由派政府を北部の対米国境地域に追いやり、マキシミリアンをメキシコ皇帝として即位させたのは、既述のとおりである。フランスにとって、メキシコに債務履行を求めたのは、ヨーロッパの他の国々を巻き込んで、メキシコに干渉するための口実でしかなかったのではないか。ナポレオン三世治世下のフランスには、メキシコを支配しようとの、そしてそれを足掛かりにラテンアメリカに食い込もうとの、大いなる野望があった。その野望の実現に踏み出したのは、世界情勢の中で、その好機と思われるタイミングがあったからであろう。米国における内戦、南北戦争である。

また、フランスに野望の遂行を諦めさせたのも、同じく世界情勢であった。勿論、自由派のファアレスら、メキシコ国内の反対勢力による抵抗の存在は、自国の外国支配からの解放への象徴的役割を果たしたものとして、評価されるべきである。しかし、フランス軍を撤退させた実際の要因は、ヨーロッパにおけるフランス自らの危機と、米国における内戦終結であった。プロイセンによるフランス包囲網構築に危機感を抱いたフランスは、兵力を本国に戻さざるを得ず、また、南北戦争終結後の米国に、反対勢力への肩入れを本格化され、メキシコから手を引くよう外交的圧力もかけられたのであった。[26] このような事情、要するに、二者の一方で兵力の引き揚げがあり、他方では戦闘能力の増強があったということは、物理的に戦いの帰趨を決めることになるが、そのような戦況上の問題以前に、米国の南北戦争終結は、フランスに自らの野望そのものを諦めさせるものであった。モンロー主義を掲げてアメリカ大陸の盟主を任じ、旧メキシコ領およびオレゴン地域を獲得してさらに国力を増していた、米国という昇竜の勢いの大国に歯向かうことになる、メキシコ支配という野望は、南北戦争という間隙を突いてこそ、一方の植民地大国が着手し得たのであった。

野望の理由、即ちフランスは何故メキシコを支配しようとしたかについては、前述のとおり、メキシコを足掛かりにラテンアメリカに進出しようとしたがゆえと一般的に云われているが[27]、それ以外にも、米国に対抗しようとしたとか、メキシコの銀が目的であったとか、その当時から論考の対象となり、種々研究がなされてきている。[28] しかし本章においては、フランスがメキシコを侵略したという事実そのものが、何よりも重要である。この侵略によってフランスがメキシコに与えた被害は、ケーキ屋戦争時の比ではない。対仏戦勝記念日は、「五月五日」という祝日となっているが、フランスによる忌まわしい侵略の事実を風化させてはなるまい。

数年間の支配は受けたものの、フランスという侵略者が去った後、国土が奪われることはなく、国境線は元のままであった。米国相手に国土の半分以上を失ったメキシコにとっては、そのことの持つ意味は大きい。かといって、侵略の事実に変わりはなく、フランスに対して罪一等が減じられるわけではない。そして、世に広くは知られていないことながら、フランスはメキシコの領土を掠め取ったと、メキシコでは捉えられていることが、その後に起こっているのである。

四．クリッパトン島をめぐる墨仏両国の争い

クリッパトン島（Clipperton）は北緯一〇度一八分、西経一〇九度一三分の東太平洋上の珊瑚礁からなる小島である。緯度としてはコスタリカと同位置であるが、最も近い陸地はメキシコで、およそ一三〇〇キロメートルの距離にある。今日、フランス領ということになっている。少なくとも十九世紀後半に至るまで無人島であったこの島については、十九世紀末の一時期、メキシコ、コスタリカ、米国、イギリス、フランスが、各々自国領との主張をしていたが、やがて中三者が主張を取り下げ、残りの二国、メキシコとフランスで、領有権をめぐり争うことになる。(29)

この島については、そもそもその存在自体が、本邦においても世界においても、よく知られていない。少なくとも、日本の書籍にこの島の名前が登場するのは極めて稀と思われる。以下に示すとおり、若干の、外国発行の百科事典の類には記載されている。先ずは、それほど知られていない同島について概略の認識を持つべく、米国の地名辞典における記述から見ていきたい。

メキシコの南西八〇〇マイル（一三〇〇キロメートル）、パナマ運河の西一八〇二マイル（二九〇〇キロメートル）の太平洋上、北緯一〇度一八分、西経一〇九度一三分に位置する、無人の島（面積二平方マイル／五・二平方キロメートル）。火山の突起の見られる環状珊瑚島である。おそらくは漁業基地として使用されてきたものと思われる。イギリスの海賊ジョン・クリッパトン（John Clipperton）が拠点として利用した。フランスが一八五八年に自国のものと主張し、米国人が米西戦争の折に一時的に支配している。メキシコ兵が一八九七年に占領。フランス、メキシコ間の争いは、一九〇八年、イタリア皇帝に裁定が委ねられた。裁定の結果（一九三一年）、フランスの主張が認められ、一九三二年にメキシコは主張を取り下げた。フランス領土[30]。

図8　クリッパトン島

また、米国発行の百科事典には、島の形状等の説明の他に、以下のように記述されている。

この島はスペイン人航海者が発見したが、一七〇四年にウィリアム・ダンピア（William Dampier）に対して反乱を起こしたイギリス人海賊、ジョン・クリッパトンに因んで命名されている。（中略）米国はこの環状珊瑚島について「一八五六年グアノ法」に基づいて、その領有を主張したが占領はしなかった。フランスが一八五八年に領土に組み入れ、メキシコが一八九七年に守備隊を駐留させている。（後略）[31]

さらにフランス発行の百科事典においては次のように記されている。

メキシコから一三〇〇キロメートルの太平洋上の珊瑚礁の孤島。フランスに属する無人の小島である。イギリス人海賊、ジョン・クリッパトンに名前の由来をもつこの島は、一八五八年にグアノの開発を目的に、フランスによって領有される。しかし、一九〇七年にメキシコが同国による領有を主張。クリッパトン島は一九三一年にフランス領となったが、グアノは枯渇していた。[32]

この、フランス発行のものの記述には、米国発行のものと比べて、注目すべき点が二点ある。第一点は、メキシコと領有を争ったであろうことを示唆する記述であるが、イタリア皇帝による裁定というプロセスについて、言及していないことである。また、裁定を下す際の根拠の一部をなしうる、一八五八年以前の事実関係に触れていないことが第二点である。その第二点について、米国発行の百科事典では、同島を「スペイン人航海者が発見した」と記述している。フランスの百科事典は単にコンパクトにまとめるために、上記二点に触れなかったと考えられなくもないが、フランスにとって必ずしも好都合でない情報を明らかにしていないとの解釈も可能である。なぜ、それらが同国にとって好都合でないのかについては、次項で触れることにするが、先ずは、このクリッパトン島を巡る歴史と、それがメキシコにとって持つ意味について考える。

クリッパトン島は、スペインがメキシコの地を征服した一五二一年から間もなくに、遅くとも一五二六年には、スペイン人によって発見されていたようであり、その発見者は、モルッカ諸島に向かっていた航海者であったとされる。[33]発見即領有とはならないように思われるが、当時のイベリア二国（スペイン、ポルトガル）においては、その限りでなかった。いわゆる大航海時代に、件の両国が発見する新しい陸地を両国の何れが領有するかを、ローマ教皇庁の仲介で定めたトルデシージャス条約（一四九四年）によって、西半球上の、ある子午線以西で発見された土地はスペイン領とすると、横暴にも認められていた。[34]従って、クリッパトン島はスペイン領ヌエバ・エスパーニャに属するという考え方が、一応成立する。そして同島は、ヌエバ・エスパーニャがメキシコとして独立した後にはその新生国家に属するというのが、メキシコの立場であった。しかしながら、その領有をめぐっては、フランスと争わなくてはならなくなるのである。

なお、発見の年とされる一五二六年以降の同島関連の情報を、ある研究者は以下のように整理している。

クリッパトン島は一五二六年に発見された。アカプルコ―マニラ間の通商航路が設定された際、一五六五年以降であるが、スペイン人航海者は同島を、右記航路の道標としたが、それほどに、同島は彼らによく知られていたのである。地図によってはメダノスという名前で記載されている。

ジョン・クリッパトンが同島を根城にした一七〇五年頃から、太平洋の海図、特にイギリス発行のものでは、同島をその海賊の名をもって呼び始めている。

一七一一年に二隻のフランスの商船が同島に接近し、海から同島について調べ、ラパシオンという名を付け、爾来、相当な数の地図がその名称を用いている。(35)

フランスが登場するのは上記のとおり一七一一年からであるが、同国は当時、クリッパトン島領有のアクションを起こしていない。そのアクションは下って、一八五八年になって起こされるが、その頃フランスを治めていたのはマキシミリアンをメキシコに送り込むことになる皇帝、ナポレオン三世であった。そして、その時代、即ち十九世紀半ばには、イギリスをはじめとする各国（含メキシコ）が肥料原料としてグアノに注目し、ペルーやメキシコの海岸部は開発の対象となり、クリッパトン島も見逃されることはなかった。(36)

ただ、クリッパトン島の帰属問題が国家間で顕在化したのは一八九七年になってからのことであった。同年八月、メキシコ外務省に、ワシントン駐在メキシコ大使から、任地の新聞に、ある艦船がクリッパトン島からサンディエゴに寄港し、巷間伝えられるところによると、同島がメキシコに帰属すると思われるにも拘わらず、同島にイギリス国旗が掲揚されるであろうとのことである、と報じられたことが伝えられ、事態の把握のために、同島に軍艦を派遣することが促された。(37)

メキシコは軍艦を派遣し、同年十二月、同艦がクリッパトン島に到着すると、そこにはイギリス国旗ならぬ米国旗が翻り、ドイツ系の米国籍の者、イギリス人、ドイツ人、各一人ずつがいた。同艦の乗組員はメキシコ国旗を掲げ、居合わせた三人に同島がメキシコ領であることを伝える。彼らはサンフランシスコのグアノ採掘会社の従業員であり、米国籍者がそのチーフであったが、その滞在が無許可であることを認め、チーフは会社からの迎えの船が来るまでの間の滞在許可を求め、他の二人は、島を去ることを申し出、許可される。[38]

このように、メキシコ政府はクリッパトン島がメキシコ領であることを示すべく行動を起こし、諸外国にその島のメキシコ領たるを知らしめた。それを受けて、イギリスの企業が同島でのグアノ採掘の許可をメキシコ政府に求めたが、その申請書には、以下のような件《くだり》が含まれていた。

> （クリッパトン島の領有に関しての）メキシコの主張に、我が帝国政府から疑義が呈されることは考え難く、米国、フランス、コスタリカがやはり反対の意思表示をしなければ、当然、事は簡単であり、我々はメキシコ政府に同島のグアノ採掘の許可を申請する。[39]

このイギリス企業の申請書にあったとおり、名前の挙がった国々がクリッパトン島のメキシコ領たるに異論を挟まなければ、この小島のことが本章で取り挙げられることもなかった。イギリス、米国、コスタリカは、実際そのとおりであったが、フランスはその限りでなかった。一八九八年六月十五日、駐墨フランス大使は、件の島についての自国政府の権利を公的に予告し、それを証する文書を速やかに提出すると布告した。[40]

その文書の内容は次のようなものであった。

一．一八五八年十一月十七日にフランス政府を代表する海軍中尉によってクリッパトン島の領有が実行されたこと。軍艦アミラル号内で作成された文書において、同日より同島は未来永劫、排他的に皇帝ナポレオン三世陛下とその皇位継承者のものとなる。

二．ホノルルに停泊したアミラル号司令官による、ハワイおよびサンドウィッチ諸島王の立会いの下での、フランス総領事への上記行為の報告。

三．上記外交官による本国外務省への通告、およびホノルルの日刊紙への掲載。(41)

これを受けて、メキシコの外務大臣は一八九八年九月三十日付でフランスに反論し、同国がクリッパトン島に関する領有権を主張するには、一八五八年の段階でクリッパトン島は何れの国にも属さなかったこと、同島の領有が世界の普遍的原則に適う全義的なものであること、さらにその領有が、少なくともメキシコ軍が同島に上陸するまで継続的な方法で行なわれていたこと、の各々を証明すべきことを通告した。(42) フランスの主張の一、二、三はクリッパトン島が、如何なる国にも所有されていなければ有効かも知れないが、メキシコにとって、同島はヌエバ・エスパーニャ時代からの同国領であったので、一八五八年のフランスの領有宣言は無効である。また、メキシコによる実効支配がなされていなかったとの立場に立ち、一八五八年のフランスによる領有宣言が有効であるとしても、その後のフランスの領有には、やはり実効支配が伴われていなかったので、一八九七年のメキシコによる領有確認行動は有効となる。メキシコにとってはどの道、フランスの主張は論破できるものであった。

それに対してフランスは、問題を当事国および第三国からなる裁定委員会の場で解決することを一九〇六年に提案した。メキシコは三国からなる裁定委員会ではなく、第三国のみによる裁定を望み、イタリア皇帝による裁定を提案し、フランスが了承したことによって、一九〇九年三月二日、クリッパトン島の帰属をめぐる裁定は正式に当時のイタリア皇帝ヴィットリオ三世（Vittorio Emanuele III）に委ねられることになった。(43)

裁定が下されたのは、二十年以上も後の一九三一年一月であった。その内容は、クリッパトン島は一八五八年十一月十七日以来フランス領であるというものであった。同年以前の、スペインもしくはメキシコの領有権は根拠が不十分とされ、また、同年のフランスによる領有の手続きおよびその後の領有のあり方は正当なものとされた。(44)

国際法に疎い者が、その裁定の詳細について是非を語る無謀は避けたいが、この裁定全体には、政治的判断が感じられる。メキシコがイタリア皇帝による裁定を望んだのは、同皇帝に中立的な判断が期待できたからであった。しかし、異常とも思えるその裁定は、イタリアが自らの国益のためにフランスに有利なものとしたと云われる。すなわち、地中海のフランス港湾へのイタリア船舶の自由寄港を認められたいムッソリーニ政権が、フランス贔屓の裁定を国王にさせたというものである。(45)

これについて、米国人研究者スキャッグズは、メキシコがその領有の一根拠としたヌエバ・エスパーニャ時代の地図の重要性を、イタリア皇帝が軽視することがなければ、クリッパトン島がフランスに帰属するとの裁定は下し得なかったとし、その軽視にはバイアスが見出されると指摘し、またフランスの領有の正当性を認めるべく挙げた根拠も破綻しているとしている。(46)事実関係を中立的に把握した者であれば誰でも、この米国人研究者と同じ感想を抱くものと思われる。

ともあれ、かくしてクリッパトン島はフランス領となったわけであるが、今日、同島のことを知るメキシコ人は、筆者が個人的に知る範囲においては少数派である。しかし、その少数派にあたる者は一様に、問題の不当性、すなわち同島がメキシコ領で然るべきことを訴えている。メキシコ人研究者オロスコは、同島がメキシコ領であるべき根拠を列記した上で、同島の返還を主張している。根拠として六点が挙げられているが、特に重要なものは以下の三点と思われる。

一．クリッパトン島が、かつてはヌエバ・エスパーニャの、そして今日はメキシコの領土であることを十二分に証明する古い文書と地図が見つかっている。

四．イタリア皇帝をして、フランスに有利な裁定をせしむる政治的理由があり、下された裁定は不当であったということが今日知られている。

六．その海域を他国が支配することは、将来その国がナポレオン三世の果たせなかったメキシコの属領化という野望を再び持つことにつながるかもしれないがゆえに、好ましくない。(47)

上記根拠を挙げ、オロスコは次のように結んでいる。「イギリスが香港の主権を中国に返還し、ポルトガルがマカオを返還し、米国が運河をパナマに返還する……というような今日、フランスがクリッパトン島をメキシコに返還することは不可能であろうか。(48)」

五．フランスよ

本章が紹介したことは、何れを取っても、メキシコにとって忌まわしいことばかりであった。それらのうちでもマキシミリアン帝政とそれに至るフランスの侵略はメキシコ史の重大事である。国家そのものが外国によって支配されたのであるから、只事ではない。幸いにして五年ほどでその悪夢は消えたが、植民地大国フランスの勢力拡大の蠢きの犠牲となったことは忘れられるべきでなく、メキシコの「五月五日」の祝日には大いに意味が認められる。

フランスの犠牲になったといえば、次元の違う問題かもしれないが、マキシミリアン自身もその範疇に入るのではないだろうか。フランスの傀儡となった愚かさは如何ともしようがないが、彼は、当時としてはかなりリベラルな思想をもっていたと考えられ、メキシコ人のためになる国づくりを自らの手で成し遂げることを胸に描いてメキシコ入りしたと云われる。結局は、メキシコにとって彼は侵略者でしかなく、フランスには裏切られ、処刑されてしまうのである。彼の妻はベルギー王室の出で、メキシコでの夫の成功のために、ヨーロッパで各方面への協力要請を試みたものの空しく、発狂して果てている。哀れさが漂う。

マキシミリアン帝政期の侵略と比べて、ケーキ屋戦争がメキシコに及ぼした表面的被害は小さいものの、本書は別の面での害を重視した。メキシコにとって独立以来の最も忌むべき災禍は領土喪失である。テキサス独立戦争でテキサスを失い、米墨戦争でテキサス以西を割譲させられ、さらにメシージャ地区を売却させられているが、その何れにおいても責めを免れないのは同一人物、サンタアナであった。彼はテキサスで一敗地に塗《まみ》れた後、失脚していたが、ケーキ屋戦争で復活する。

米墨戦争については、当時の米国膨張主義に抗うのは至難であったであろうが、戦争好きのサンタアナがメキシコに君臨していたことは、米国に不都合ではなかったと思われる。さらに、メシージャ地区の売却はサンタアナが絡まなければ不成立の可能性は大であった。[49] そのような人物に復活の場を提供したのがケーキ屋戦争であり、フランスであった。この「害」を本書は重視するのである。ここでも、ルイジアナの売却と並んで、フランスはメキシコが領土を失う「隠れた原因」をつくっている。

もっとも、ケーキ屋戦争そのものにおいて、メキシコがフランスに領土を奪い取られることはなく、マキシミリアン帝政が終結した後も、メキシコの領土は保全されていた。とはいえ、フランスによるこれらの営為は、表向きの理由はあったにせよ、侵略に他ならず、断罪されて然るべきである。フランスが侵略したればこそ、流される必要のないメキシコ人の血が流された。しかし、その侵略国の営為も、国土の半分以上を絡め取った国の前では霞んでしまう。米国による蹂躙は、メキシコにとってあまりにも凄まじいものであった。

ケーキ屋戦争においても、またマキシミリアン帝政期とその前段階においても、国民の血は流されたが、直接的な意味で領土を失う事態には至っていない。しかし、クリッパトン島の場合は別である。そもそも領有権に決着をつけるために墨仏両国が争ったのであるから、同島がメキシコ領であったというのは不適当かも知れないが、少なくともメキシコにとっては自国領であると認識していた同島を失ったのである。この顛末については、メキシコの対応戦略のまずさは別として、[50] 先ずフランスが同島の領有権を主張したこと自体に、同国の横暴が感じられる。さらに裁定においては、同国が大国であったことが有利に働き、横暴がまかり通ったように思われる。

大西洋の国が太平洋上の小島を、その至近の国の領有を否定して我が物にしようとし、その意を遂げたのである。大西洋の東岸の国と、島から至近の、太平洋に面する国では、その島を領有することの意味合いは大いに異なる。フランスにとっては、「行きがけの駄賃」ではないか。クリパットン島の領有が同国の世界戦略にとって重要であるとしても、そこには大国の思い上がりが見出せる。裁定に持ち込まれた後も、メキシコはクリッパトン島に守備兵を駐留させていたが、メキシコで革命が起こり、その期間中に本土からの補給物資の輸送が途絶え、守備兵が餓死している。[51] また、裁定に敗れた後、メキシコでは、同島を購入という形で保持することも検討されたという。[52] 片や、フランスはといえば、裁定の結果を伝えに駐仏イタリア大使が訪れた時、政府内にクリッパトン島のことを知る者が殆どいなかったと伝えられる。[53] フランスにとって同島がどの程度のものであったかが窺い知れる。

メキシコ史に関してフランスで出版されたある一般書は、フランスが一八六〇年代にメキシコに対して行なったこと（マキシミリアン帝政に至る侵略）を記述した上で、それは債権が目的ではなく、メキシコを再生させるためだったとし、メキシコはその戦争のためにフランスを非難することもない、としている。[54] 曰く「プエブラの戦勝記念日は時が経つにつれて仏墨友好の記念日となっている。対メキシコ干渉は、世界最強の軍隊も民の固い志の前には何もできないことを、メキシコ人にもフランス人にもわからしめた。」[55] 本章冒頭で述べたとおり、メキシコにおいてフランスの評判はけっして悪くなく、侵略の被害者のメキシコ（人）がそのように鷹揚、寛大であるならば、それはそれでよしとするが、「メキシコを再生させるために」侵略した加害者には、自らの行動の意味と被害者の犠牲の程がわかっていないのではないか。

件の仏書はクリッパトン島の顛末については触れてもいない。同島領有のプロセスは消え、結果だけが享受されているかの如くである。同書は、侵蝕した側のスタンスをよく表しているようで興味深い。しかし、侵蝕された側はどうであろうか。メキシコにおいて、かつてクリッパトン島の問題は国民の口の端に上ることもないかの感があったが、近年、関心事になりつつあるようであり、返還を求める声が聞かれるようになっている。(56)

既に紹介したメキシコ人研究者（オロスコ）の主張にあるとおり、香港、マカオ、そしてパナマ運河は、返還された。ならばクリッパトン島も、と思うのは無理からぬことである。しかしながら、世界にはフォークランドあり、ジブラルタルあり、またグアンタナモありである。(57)また、相手の国フランスは、ラテンアメリカ・カリブ地域で、グアドループ、マルティニークの各島、そして南米のギアナ（仏領ギアナ）を、独立させずにいる国である。因みに、似たような植民地大国イギリスは、同地域で、カリブのジャマイカや小アンチル諸島の国々、そして大陸部のベリーズ、ガイアナを独立させている。

また、フランスがインドシナやアルジェリアから撤退するに至るまでの顛末には、フランスという国のある面が見える。メキシコからも、兵力を引き揚げざるを得ない事情に追い込まれて撤退したのであって、侵略の非を認めて兵を引いたわけではない。二〇〇三年三月に米英両国が武力行使するに至ったイラク問題では、国連安全保障理事会の場で開戦に理あらずと正論を貫いたと評価される国ながら、ムルロア環礁で、世界の非難をよそに同国が核実験を強行したのは遠い昔のことではない。

あるメキシコ系米国人が言った。「フランスは、ムルロアの次にはクリッパトン島で核実験を行なうのではないか。」

注

（1）Donald E. Chipman, *Spanish Texas: 1519-1821*, University of Texas Press, 1992, p.223.

（2）ルイース・ゴンサレス「形成期」メキシコ大学院大学編（村江四郎訳）『メキシコの歴史』新潮社、一九七八年、一二四、一二五、一三四ページ。

（3）国本伊代『メキシコの歴史』新評論、二〇〇二年、一六六ページ。

（4）メキシコが独立した頃、フランスによってヨーロッパでの通商を妨げられていたイギリスは、ラテンアメリカを新たな市場とすることに活路を見出していた。また、その確保のために、ヨーロッパの他の国々による西半球への干渉を排除すべく米国に共同行動をもちかけたが、米国はそれを飛び越えて、モンロー宣言を発したのであった（Michele Cunningham, *Mexico and the Foreign Policy of Napoleon III*, Palgrave Macmillan, 2001, pp.16-17)。

（5）José Bravo Ugarte, *Compendio de Historia de Mexico*, Editorial JUS, 1946, p.194.

（6）ブラボ＝ウガルテによると、略奪にあったとして七万四〇〇〇ペソが請求されたケースでは、実際の被害額は請求額の三分の二にも満たず、また、損害の証拠をメキシコ政府に求められて請求を引っ込めたケースなどもあったという。さらに、メキシコ人を殺害し懲役刑となったフランス人の釈放、その判決を下した判事の更迭、受刑者への賠償金二〇〇〇ペソの請求などというものもあったという（Bravo Ugarte, *op. cit.*, p.194)。

（7）Hubert Howe Bancroft, *History of Mexico Vol. V. 1824-1861, The Works of Hubert Howe Bancroft, Volume XIII*, A. L. Bancroft & Co., 1885, pp.186-187.

（8）Michael C. Meyer et al., *The Course of Mexican History (Sixth Edition)*, Oxford university Press, 1999, pp.316-317. メキシコは六〇万ペソの支払いを六ヶ月の猶予を持って行ない、借款に関しての要求およびフランス人を罰した判事の更迭には応じないこと、それ以外の未決事項については第三国（イギリス）の裁定に付すとしていた。また、フランスは艦隊派遣費用二〇万ペソの要求は取り下げていた（Bancroft, *op. cit.*, pp.190-191）。

（9）Bancroft, *op. cit.*, p.189.

（10）Edward S. Wallace, *Destiny and Glory*, Coward-McCann, 1957, p.114.

（11）この二政府併存状態の間、自由派政府の大統領は一貫してファレスであったが、保守派政府においてはスロアガ以下、入れ代わり立ち代わりで五人の大統領が君臨した。自由派政府の拠点はグアナファアト、ハリスコ、コリマと転々とした挙句、国外に逃れ、やがてベラクルスを経て、首都に戻っている（Bravo Ugarte, *op. cit.*, p.216）。

（12）米国の支持を求めた保守派に対し、米国はメキシコ北西部領土、バハ・カリフォルニア、チワワ、ソノラ、シナロアの売却を迫り、拒否されている。一方、自由派が米国の支持を取り付けた代償に、米国人のメキシコ国内自由往来を骨子とする極めて米国に有利な条約を結ばされたが、メキシコにとって幸いなことに、米国議会の批准が得られず、無効となっている。なお、自由派政府のファレスは、米国に対し、バハ・カリフォルニアの割譲にも応ずる意向だったと云われる（Bravo Ugarte, *op. cit.*, pp.216-217）。

（13）イギリスはオレゴン地域、スペインはキューバを領有していて、米国の膨張に危機感を抱いていた。特にスペインは米国の膨張主義に歯止めをかけるために、メキシコの独立の強化を求め、スペイン出身の君主擁立を画策したという（国本、前掲書、一七九ページ）。

（14）国本、前掲書、二〇三ページ。ゴンサレス、前掲論文、一四六―一四七ページ。

（15）**Paso del Norte** 現在はチワワ州ファレス市（Ciudad Juárez）。現在の名は、当時の自由派大統領にして、独立後のメキシコの国づくりへの貢献で国民的英雄であり、メキシコ初の先住民の大統領であるベニート・フアレス（Benito Juárez）に因む。米国テキサス州エル・パソ（El Paso）と国境を挟んでトゥイン・シティーの関係にある。
（16）ゴンサレス、前掲論文、一四七ページ。
（17）同論文、一四七―一四九ページ。
（18）Cunningham, *op. cit.*, pp.23-24, 39.
（19）In a dispatch from Pelissier to Walewski, 27 September 1858, quoted in Cunningham, *op. cit.*, pp.22-23.
（20）Cunningham, *op. cit.*, p.24.
（21）*Ibid.*, p.31.
（22）*Ibid.*, p.31, 33, 34.
（23）Bravo Ugarte, *op. cit.*, pp.220-221. なお、同資料によると、フランスがメキシコに対して持つとされた債権二〇〇〇万ペソのうち、一五〇〇万ペソはスイス人実業家のものであった。
（24）*Ibid.*
（25）*Ibid.*
（26）Jaime Suchlicki, *Mexico: From Montezuma to NAFTA, Chiapas, and Beyond*, Brassey's, 1996, pp.93-94.
（27）一般的に云われていることで、特定の出所に依拠しないが、ラテンアメリカ（Latinoamerica）という呼称は、この、フランスの野望実現のために使われ始めたと云われる。それまでは、例えばイスパノアメリカ（Hispanoamerica）などと呼ばれることが普通であった地域に、ラテンの国であるフランスが、アメリカ大陸における自らの存在を受入れられやすくするために、敢えてラテンアメリカという言い方をしたというものである。
（28）それ自身が、フランスのメキシコ干渉についての優れた研究書である Michele Cunningham, *Mexico and the Foreign Policy of Napoleon III* は、その Introduction で、先行研究を的確に整理している。
（29）Jimmy M. Skaggs, *Clipperton: A History of the Island the World Forgot*, Walker & Co., 1989, p.141.
（30）*The Columbia Gazetteer of the World, Vol. 1*, Columbia University Press, 1998, pp.86-87.

（31）*The Encyclopedia Americana, International Edition, Vol. 7*, Grolier Inc., 1988, p.678.
（32）*Grand Dictionnaire Encyclopédique Larousse, Tome 3*, Librairie Larousse, 1982, p.2315.
（33）Miguel González Avelar, *Clipperton, Isla Mexicana*, Fondo de Cultura Económica, 1992, pp.42-43.
（34）コロンブスの新大陸への就航後、スペインとポルトガルは新領地の両国間での分割基準をローマ教皇の仲介で一四九三年に定め、さらに一四九四年にそれを修正したのがトルデシージャス条約であるが、それは新しく「発見」される領地に関し、ベルデ岬西方三七〇レグアの地点を通る子午線の西側をスペイン領、東側をポルトガル領と定めている。それによって、ブラジルはポルトガル領になったのである（大貫良夫ほか監修『ラテン・アメリカを知る事典』平凡社、一九九九年、二二九ページ、二七一ページ）。
（35）González Avelar, *op. cit.*, pp.54-55.
（36）*Ibid.*, pp.60-62. なお、グアノとは海鳥の糞が堆積して岩石状となったもので、かつて燐酸肥料の原料として重要視された。
（37）Secretaría de Relaciones Exteriores de México, *La Isla de La Pasión llamada de Clipperton*, Publicación Oficial, 1909, p.3.
（38）*Ibid.*, pp.12-13, 17.
（39）*Ibid.*, p.23.
（40）Antonio Gómez Robledo, *México Y Arbitraje Internacional*, Editorial Porrúa, 1965, p.111.
（41）*Ibid.*
（42）*Ibid.*, p.113.
（43）*Ibid.*, pp.114-115.
（44）*Ibid.*, pp.149-152.
（45）Skaggs, *op. cit.*, p.148.
（46）*Ibid.*, pp.146-147.

（47）Ricardo Orozco, *¡La Pasión, es México!, la Terrible Tragedia de la Isla de Clípperton*, Centro de Estudios Históricos del Porfiriato, 1998, pp.172-174.
（48）*Ibid.*, p.174.
（49）メシージャ地区の購入のために、米国はメキシコに大いに圧力をかけたとされるが、それは当然にしてメキシコが売却に難色を示したからである。しかし、戦後復興期の財政逼迫もあって、大統領サンタアナは売却に応じてしまう（Wallace, *op. cit.*, p.114）。
（50）対応戦略のまずさの最たるは、裁定委員会方式でなく、第三国の首長に裁定を仰いだことである。メキシコには、他の領土紛争を前者の方式で満足のいく解決をした実例がある（Gómez Robledo, *op. cit.*, p.156）。
（51）González Avelar, *op. cit.*, pp.122, 136.
（52）Skaggs, *op. cit.*, p.149.
（53）Edward Morris, "*The Island the World Forgot*", New Outlook 164, 1934, pp.31-35, quoted in Skaggs, *op. cit.*, p.148.
（54）Xavier Pommeret, *Mexique*, Édition du Seuil, 1964, pp.54-56.
（55）*Ibid.*, p.65. なお、プエブラの戦勝記念日とは「五月五日」のことである。
（56）筆者の個人的な経験に基づくものながら、クリッパトン島については、その帰属問題以前に、同島の存在を知るメキシコ人はかつて稀有であったが、今日ではその存在を知っているメキシコ人と出会う頻度が高くなっている。マスコミで取り挙げられるなどしているためと思われる。
（57）フォークランド（Falkland /Malvinas）はアルゼンチン沖にあって、同国とイギリスの双方が領有権を主張し、ジブラルタル（Gibraltar）はスペインの中のイギリス領というべきものであり、またグアンタナモ（Guantánamo）はキューバ国内にある米軍基地である。

（本章は、拙稿「メキシコを蝕んだもうひとつの大国――フランス――」亜細亜大学国際関係研究所『国際関係紀要』第十四巻第一号、二〇〇四年、三七－六二ページ、に加筆、修正したものである。）

第五章

ブラセロ・プログラムに見る米国によるメキシコ人労働力の利用

一．北に流れるメキシコ人

現行の米墨国境が固定化し、フランスの脅威も去ったメキシコは、自由派政権の元締め、フアレス（一八七二年、大統領在任中に急死）、およびその後継者で国づくりを進めたが、ディアスという野心的な軍人が政権を奪取することとなり、大統領となって独裁体制を敷く。ディアスは、一八七六年から一九一一年にかけて、腹心を大統領に据えた四年間を含み、メキシコ革命でその座を追われるまで、三十五年間君臨する。ディアス政権下、メキシコは積極的に外資を導入し、近代化を進める。ディアス時代は、メキシコの発展の礎を築いたとの評価はあるが、底辺の国民は悲惨な生活を強いられていた。

独立後、国内政争や外国の侵入などあって不安定であった国が、独裁政治によってか、安定はしたものの、国民の過半を占める農民の生活はけっしてよくはならなかった。ディアス以前の自由派政権時代から、農民は既に共有地の保持が厳しくなる傾向もあったが、ディアス時代になって農地の寡占化が進み、土地なき底辺労働者を増加させていた。ペオンと呼ばれた底辺労働者は、大規模農場（アシエンダ）に雇われていた。生活必需品もアシエンダ内で買い、低賃金ゆえ債務を給料で払えず、負の遺産相続をするような例も見られたという。そのような生活からの脱却は、当然にして試みられ、手っ取り早いのはアシエンダから抜け出すことであった。

抜け出して向かったのは、他の地域であり、他の産業部門であった。そのため、地方の農村部からメキシコ市などの都市に向かう人の流れがあり、またそこから、もしくは農村から直接、メキシコ北部に向かう流れもあった。その北行きの流れを助長するかのように、中央部から北部に向かう鉄道が敷設されていた。スペイン統治時代も含め、かつて北方領土に国民を移住させる余裕のない人口の状態であったものが、その頃のメキシコは人口の増加が著しかった。独立運動が始まった一八一〇年に六百万人であったのが、五十年後に八百万人となっているが、その後の五十年の増加が著しく、一九一〇年には、ほぼ倍増の千五百万人となっている。その人口増に見合う経済・社会体制が、メキシコでは十分に築かれていなかったことも、北行きの流れを形成する要因になったとの見方もできよう。

米墨戦争後の十九世紀後半、北部には鉱山などで雇用先があり、中央部のアシエンダではペオンとして日給一五セント以下だったものが、北部の鉱山で働けば日給七五セントであったりした(1)。また、北部国境地帯にはフリー・ゾーンが設けられ、輸入品が安く、生活が楽であるということで、他地域のメキシコ人を惹きつけていた。さらに、その北は、米国であった。メキシコ国内の北行きの流れは、往々にして国境を突き破った。現行の米墨国境が成立した頃、国境域のメキシコ人には国境の意識は薄く、気軽に越境していたと云われる。北部に流れてきた者も、よりよい雇用を求めて、抵抗なく米国に入っていった。しかも、その大半は不法入国であった。行先は、かつてのメキシコ北方領土である。この、メキシコから米国に向かう人の流れは、一九一〇年に始まるメキシコ革命の最中も、その後も、絶えることはなく、次第に大きくなっていく。

米国はメキシコの北方領土を獲得したとはいえ、そこでの生産活動の担い手は不足していた。荒野を開墾して畑にし、鉄道を敷設し、さらに畑を耕す現場労働力としてメキシコ人は歓迎された。開墾は、成し遂げられればそれで終わりであったが、畑での耕作は毎年のことであった。米国には以前から、農業の現場労働力としてアフリカ系の人々がおり、中国や日本からの移民も参入していたが、旧メキシコ領で特に好まれたのはメキシコ人であった。中国人、日本人は余りにも異文化の存在であり、疎んじられた。世は黄禍論の時代であった。日本人は勤勉であるがゆえに警戒されたとも云われる。米国南西部の、乾燥し、照りつける太陽の下での労働には、同じような気候に慣れているメキシコ人の方が、アフリカ系の人々より適していた。そして何より、メキシコ人は必要な時だけ雇用され、その多くが、ある程度稼いだら帰国する、便利な労働力であった。国境を越えた移動労働力、メキシコ人は、後にその越境が不法であることで問題とされるようになるが、十九世紀後半から二十世紀初頭にかけてはその限りでなかった。そのように、メキシコから出稼ぎに来て、主として農業部門で働くメキシコ人労働者をブラセロ（bracero）と呼んだ。米国に渡るメキシコ人は、必ずしも南西部に留まらず、中西部の製鉄などの工場に、また、遥かアラスカの缶詰工場にと、遠征する者もいた。

ブラセロは、米国での身分を問われれば、基本的に不法であった。その不法性を、米国が明らかに問題視するようになるのは、一九二四年の新しい移民法導入時と云われる。この新法は「排日移民法」とも云われ、日本人の移民を実質的に拒絶することになることで我が国では知られるが、この法により、ボーダー・パトロールというものが設置され、米墨国境がフリー・パスでなくなる。新法導入時においての米国の狙いは、メキシコ経由で不法入国するアジア人などを取り締まることであったとも云われるが、五年後には、メキシコ人が本格的に取り締まられるようになる。不法入国するメキシコ人をウェットバック（wetback　濡れた背中。本書で何度も登場したリオ・グランデという川がテキサス方面の米墨国境であるが、メキシコからテキサスに入る者はリオ・グランデを泳ぐなどして渡っているので、背中が濡れているというのである。今日では、メキシコ人に対する差別用語とのことで、公には用いられないが、本書では当時の云い方として、これを使用する）と呼んだ。ブラセロがウェットバックであることを米国が問題視するようになると、先ず彼らの労働市場における立場が悪化（不法身分を当局に通報するとの雇用主からの脅しあり）し、賃金に影響するようになる。やがて、事態はさらに厳しくなり、一九二九年に米国が未曾有の経済危機に襲われ、失業者が街に溢れるに至って、メキシコ人は身分の合法、不法に拘らず、帰国を強制されるようになる。

二．ブラセロ・プログラムの導入

一九二九年十月に始まる世界大恐慌で、米国では大量の失業者が生まれ、失業者の不満の矛先は、より弱いところに向かう。その表れのひとつとして、メキシコ人が排斥の対象となったということがある。彼らが職を奪い、その故国、メキシコへの送金は、米国経済にダメージを与えているというのである。その結果、メキシコ人は、米国における身分の合法、不法に拘らず、政府により帰国を強制される。米国籍を持つ者さえも含まれた強制帰国の対象者は、一九三七年までで、四十五万人余を数える。(2) 後の第二次世界大戦時に、日系人を強制収容したのと同列の、国家によるエスニックなレベルでの差別的施策であり、国づくりの過程で先住民を排除し、アフリカ人を奴隷とした国の話ではある。

このように疎んじられ、追い出されたメキシコ人であったが、やがて米国は彼らを積極的に労働力として導入するようになる。南西部の農業地帯では、メキシコ人労働力を放逐した後、スタインベックの『怒りの葡萄』でお馴染みの、オクラホマなどから移動してきた労働者が低賃金労働に就いていたが、やがて景気が上向くと、彼らは農場を去っていった。その後、再びブラセロがやって来るのだが、一九三九年に、米国は、以前にも増してメキシコ人労働力を必要とする事態に立ち至る。

一九三九年に第二次世界大戦が勃発すると、同年十一月、米国は従来の中立姿勢を放棄し、連合国への軍事援助を決定する。それによって工業も農業も活況となり、大恐慌からの立ち直りを果たすが、同時に人手不足も招来する。さらに、武器、物資援助から、直接参戦へと進むと、軍に人員を吸収され、生産を担う労働力の不足に拍車がかかり、特にその傾向の著しかった南西部の農業部門から、政府に対し、メキシコ人を契約労働者として導入することが要請される。それを受けて、米国政府がメキシコに働きかけ、米墨両政府の共同事業としての「メキシコ人労働力の米国への派遣」が検討されたのであった。

遡れば、第一次世界大戦時にも同様の事情から、米国はメキシコ人労働力を積極的に招じ入れていた。その時の、契約不履行などメキシコ人労働者に対する米国側の扱いのひどさを忘れず、また、大恐慌時の、容赦のない強制帰国が記憶に生々しいメキシコ側は、米国からの働きかけに慎重姿勢で臨んだ。当初、メキシコは連合国に与していなかったが、米国はメキシコに連合国入りを強力に勧め、同時に物資と労働力での米国への協力を訴えた。メキシコは、自国船舶がドイツ軍によって撃沈されるに至って、一九四二年五月に枢軸国側に宣戦布告する。物資面での協力では、既に一九四〇年から、メキシコの鉱・農産物が米国に供給されていたが、米国に対する不信が拭えない労働力供給面でも、結局、対米協力を是とし、一九四二年六月に、米国からの働きかけに応じ、契約労働プログラム策定の交渉に入る。(3)

その交渉に際し、メキシコ側は、以下の点への危惧を抱いて臨んだ。

・労働力不足の信憑性（低賃金労働力の確保が真の狙いではないか）
・一九三〇年代にあった強制帰国の再現
・米国におけるメキシコ人への差別
・労働力流失の、緒に就いたばかりの国内工業化への影響(4)

そして、以下の点を交渉において主張する。

・雇用は書面による労働契約に基づいて行なわれる。
・プログラムの管理運営は両国政府によって実施され、契約内容は、やはり両国政府によって保証される。
・雇用は需要に基づいて行なわれる（即ち、メキシコ人労働力の雇用が就労地の労働者に失業も賃金低下ももたらすものでない）。
・雇用者は被雇用者に雇用センター（メキシコ国内）と就労地間の交通費および必要経費を支給する。
・契約労働者は米国での永住を勧められない。
・メキシコ人が「白人用」レストランや同公共施設から排除される、肌の色でバスの乗車スペースを割り当てられる、といった人種差別は禁じられる。

これら、メキシコの、自国民を守ることを主眼とする方針が尊重された内容で交渉が妥結し、一九四二年八月、メキシコ人契約労働者が米国で就労する、米墨政府間事業（ブラセロ・プログラム）がスタートする(5)。

この事業の名称はブラセロ・プログラムであるが、ブラセロとは前節で述べたとおり、米国で、主として農業部門の現場で働くメキシコ人労働者であり、同時に、その多くが不法入国者であった。ブラセロ・プログラムでの契約労働者を、従来のブラセロと区別するために、以下、括弧をつけて「ブラセロ」と表記する。また、同プログラム施行後も米国に不法入国して、「ブラセロ」でないブラセロとして働いたメキシコ人を指す場合はウェットバックとし、区別する。

同プログラムは、以下のようなシステムによって運営された。

・米国政府は必要とする「ブラセロ」の数をメキシコ政府に連絡。
・メキシコ政府は国内各州に割り当てを設けて「ブラセロ」候補を募集。
・メキシコ国内の雇用センターにおいて同国の代表者が「ブラセロ」となる労働者を選別。
・「ブラセロ」は米国内のレセプション・センターに送られた後、各就労地に向かう。
また、そのスタートに際しての合意事項の中には、以下のようなものが含まれていた。
・「ブラセロ」は米国において兵役の義務を負わない。
・「ブラセロ」は農業（一部、鉄道）にのみ従事する。他産業の雇用に応じれば、直ちに送還される。
・契約は、労働者と雇用者の間で英語およびスペイン語による文書をもって取り交わされる。
・住居および衛生設備は良好なものでなければならない。「ブラセロ」は医療と食事のサーヴィスを提供され、災害保険への加入を保証される。
・給料から最大一〇パーセントの天引きが認められ、雇用者はそれを積み立て、労働者に、その帰国に際して渡す。
・契約期間中の四分の三以上の日数の労働が保証され、それが満たされない場合は、一日あたり三ドルが生活費として支給される。
・給料は就労地の既存の労働者と同等でなければならないが、如何なる場合においても時給三〇セントを下回らない。
・契約の更新は、メキシコ政府が同意した場合のみ可能である。(6)
これらを見る限り、メキシコ側の主張が大いに考慮されており、その内容は、本来当然のものとはいえ、その時期の前後における米国でのメキシコ人の扱いを知る者には奇異に感じられるほどメキシコおよびメキシコ人を尊重したものである。メキシコ側に譲歩してでも、ブラセロ・プログラムを成立させたかった、米国の事情が窺える。メキシコの懸念に配慮したことの証は、未だ言及していないことにも見出される。それは「ブラセロ」の就労地としてテキサスが除外されたことである。テキサス在住のメキシコ人の受難については第二章で触れたが、同州におけるブラセロ的な移動労働者に対しての差別的な扱いのひどさも、メキシコでは大いに問題視されていた[7]。

ともあれ、表1（一五九ページ）にあるとおりの数の「ブラセロ」が、第二次世界大戦中に米国に送られた。また、ブラセロ・プログラムは終戦後も続く。なお、この、第二次世界大戦時に成立したメキシコ人契約労働制度には前述のとおり先例があり、第一次世界大戦時に同様の試みが小規模ながらも実施されている。

ついでながら、メキシコが連合国入りしたことで、日本はメキシコの敵国となり、メキシコ国内の日本人は、政府指定の場所に移り住むことを命じられる。また、在墨日本企業は接収され、スパイの疑いで検挙される日本人もいた。メキシコの連合国入りに米国の強い働きかけがあったのは既述のとおりであるが、日本人に対するこのような措置も、米国の意向を受けてのものであった。

三．ブラセロ・プログラムの継続と廃止

ブラセロ・プログラムは第二次世界大戦によって生じた、米国内の労働力不足を埋めるために導入されたものであったが、終戦によってプログラムが廃止されることはなかった。それは、米国でメキシコ人の労働力が必要とされ、またメキシコでも「ブラセロ」として米国に働きに行くことに人気があり、そのメリットも認められていたからである。しかし米国は、大戦中こそ、何が何でもブラセロ・プログラムを成立させたく、低姿勢に徹して、メキシコ側の要求に極力譲歩していたが、終戦後はそのスタンスを変え、一九四七年以降、同プログラムは、徐々に米国の意のままともいうべき内容に変化していった。

従来、米国側の契約主体は米国政府であったものが、雇用主がそれに取って代わった。また、「ブラセロ」を保護する、契約の監視員の数も減らされ、「ブラセロ」に対する不当行為があっても、「ブラセロ」は泣き寝入りを強いられるようになっていく。さらに、メキシコ国内の雇用センターは、プログラム発足時にメキシコ市、一九四四年にはハリスコ州グアダラハラおよびグアナフアト州イラプアトに置かれ、これらは何れもメキシコの中央部にあったが、一九四七年には、ヌエボ・レオン州モンテレイ、ソノラ州エルモシージョ等、より米国に近い北部の七都市に置かれることとなった。それは、雇用センターから就労地までの交通費を払う雇用主の負担を減らしたい、という米国の意向ゆえであった。さらに、米国主導を象徴するのが、除外されていたテキサスにも「ブラセロ」が送られるようになったことである。(8)

米国主導となっても、ブラセロ・プログラムはメキシコ人に人気があった。契約は一年であったが、稼ぎを持って帰国する者が語る、米国での話は、聴く者の「ブラセロ」志向を煽った。また、帰国した本人も、新たに契約されることを望んだ。その結果、希望者が殺到し、倍率が十倍にもなることもあった。希望者は雇用センターのある都市までの移動と宿泊に金を費やし、手続きの過程で役人に「袖の下」も払い、「ブラセロ」に採用されるまでに五〇ドル以上の出費があったといわれる。それは、彼らの年収の半分にもなる金額であったれば、選に洩れたとしても、徒手では帰れなかった。往々にして、「ブラセロ」になれなくても、米国に働きに行ったものであったが、その越境も就労も不法であった。ブラセロ・プログラムはウェットバックを増加させることにもなっていたのだった。[9]

米国の雇用主にとっては、労働力が確保できさえすればよかったので、ウェットバックも歓迎された。しかし、政府としては、不法なものは認められない。そこで、一九四七年から、米国は国内のウェットバックを合法化し、「ブラセロ」として認めるという措置を、メキシコ政府との協議の上、実施する。俗にドライイング・アウト（drying-out）と呼ばれるこの措置によって、一九五〇年だけでも九万六千人が合法化されている。しかし、この措置によってウェットバックが減少することはなく、米国は一九五一年にこの措置を打ち切っている。[10]

次に米国は、ウェットバックを強硬に取り締まるという策を実施する。朝鮮戦争後の不況にあって、不法就労者を許さないという風潮を背に、一九五四年に、政府はＩＮＳ（司法省移民帰化局、ボーダー・パトロールはこれに属する）、警察、軍の共同で、徹底的なウェットバックの取締り（オペレイション・ウェットバックと呼ばれる）を行ない、ＩＮＳによれば、百三十万人のウェットバックをメキシコに帰国させている。その数値には誇張があることも指摘されているが、この厳しい取締りによって一時的に

ウェットバックは減少するも、やがて増加し、今日に至っている。(11)

こうした硬軟何れものウェットバック対策（オペレイション・ウェットバック、ドライング・アウト）が行なわれている間、ブラセロ・プログラムはというと、着実に実施され、ピーク時の一九五〇年代後半には、毎年四十万人を超える「ブラセロ」が米国で就労している。しかし、米国内には同プログラムに対する否定論も見られた。「ブラセロ」は雇用主には歓迎されたが、米国人労働者への不利益となることでもあったからである。「ブラセロ」の存在が、労使関係において米国人労働者の立場を弱くするということである。その立場を代表するのが労働組合であり、政府内においては労働省であった。政府内には同プログラムを擁護する部局もあり、司法省に属するＩＮＳは、不法入国を減らしたく、ウェットバック対策に効ありという点で、同プログラムは捨て難いものであった。しかし、「ブラセロ」は一九五九年以降、急激に減少していく。米国農業の機械化が一因とされる一方、「ブラセロ」への賃金保証がより強く求められたためとも見られている。(12)

一九六〇年代になると、米国政府内のブラセロ・プログラム廃止論が強まり、一九六〇年に、議会において廃止に向けての審議がなされる。同年、そして翌年の審議においては継続という結果になったが、一九六三年には、その年をもって、廃止とすることが決定される。廃止の通告を受けたメキシコ側の不同意を受けて、一年に限って延長されるが、一九六四年十二月末日をもって、ブラセロ・プログラムは終焉を迎える。二十二年間のプログラム期間全体で、「ブラセロ」の数は延べにして四百六十万に上る（表１）。

表 1　不法入国取締りと「ブラセロ」の数値実態

年	(1) 逮捕された不法入国者数	(2) メキシコ人契約労働者（「ブラセロ」）数
1940	10,492	
1941	11,294	
1942	11,784	4,203
1943	11,175	52,098
1944	31,174	62,170
1945	69,164	49,454
1946	99,591	32,043
1947	193,657	19,632
1948	192,779	35,345
1949	288,253	107,000
1950	468,339	67,500
1951	509,040	192,200
1952	528,815	197,100
1953	885,587	201,380
1954	1,089,583	309,033
1955	254,096	398,650
1956	87,696	445,167
1957	59,918	436,049
1958	53,474	432,857
1959	45,336	437,643
1960	70,684	315,946
1961	88,823	291,420
1962	92,758	194,978
1963	88,712	186,865
1964	86,597	177,736
1965	110,371	
1966	138,520	
1967	161,608	
1968	212,057	
1969	283,557	

U.S. Immigration and Naturalization Service, *Annual Report*, 1959, p.54.
Congressional Research Service, 1980a, pp.65, 76.

四．米国にとってのメキシコ人労働力

ブラセロ・プログラムの廃止をめぐる交渉の過程で、メキシコ側は、同プログラムがなくなってもメキシコ人は米国に働きに行き続けるであろう、と主張したと伝えられるが、その後、そのとおりに推移している。表1にあるとおり、廃止の翌年、一九六五年からウェットバックが急増している（表1の（2）の値は「ブラセロ」の実数を表す。一方、（1）は必ずしもウェットバック全体を表すとは限らず、また、捕まるのはウェットバックの一部に過ぎないと思われるが、（1）にウェットバックの数的実体の経年的傾向は看て取れる）。ブラセロ・プログラムが米国から提案された際、メキシコ政府はその対応に慎重であったものの結局応諾したのは、戦時のみの特別の対米協力と位置付けたからだと云われる。しかし、戦後もプログラムが続く中、自国民の米国行きの、実質的効用を認識するようになる。国内雇用問題に寄与するところがあり、また、米国から持ち込まれるドルの貢献も無視できない規模であった。

米国の雇用主にとっては、「ブラセロ」であれウェットバックであれ、メキシコ人労働者は便利な労働力として歓迎であり、メキシコ人労働者にとっても米国に行けば働き口があり、身分は「ブラセロ」の方が有利とはいえ、ウェットバックでもよかった。実際、同一人物が、ある年は「ブラセロ」で、別の年にはウェットバックとして米国で就労していた。であれば、ブラセロ・プログラム終了後、ウェットバックが増加するのは当然と云えよう。そして、十九世紀末以来のメキシコ人の米国行きの歴史の中で、

メキシコの特定の村の人々が、毎年決まって米国の特定の農場で働くという、我が国のかつての季節的出稼ぎに見られたのと同じ構図ができてもいた。また、農業部門以外への就労も次第に拡大していったが、何れも低賃金の現場労働主体であった。それでも、米国で働けば、故国での数倍もの賃金が得られ、一ヶ月働けば半年分などと云われるほどであった。雇用主にとっても、低賃金で、繁忙期だけ雇える労働力は好ましい。その結果、米墨間で、片や雇用を、片や労働を提供する、ひとつの構造ができていた。そうした構造がある中で、ブラセロ・プログラムがなくなればウェットバックが増加するのは自明のことであった。

ウェットバックは不法入国者であり、米国にとってはその不法性が問題であった。であればこそ、ドライング・アウトもオペレイション・ウェットバックも行なわれた。特にドライング・アウトは、メキシコ人労働力は利用したいが不法はまずいということで、ウェットバックを強引に合法化したものであった。もとより問題であった「不法」であるが、ウェットバックが増加するにつれて、特に一九七〇年代以降、米国の、国家としての重要問題となっていく。不法身分の彼らの就く職の条件は悪く、時に違法でもあった。人権蹂躙があっても、不法の身分ゆえ、泣き寝入りを強いられることになってもいた。悪質な雇用主は、働かせるだけ働かせ、給料の支払日に被雇用者が不法身分であることを当局に通報し、給料の支払いを逃れるなどしていた。不法入国者の存在は、人権尊重の立場でも問題視された。「不法」の排除、そして「人権」の擁護を実現するような施策の導入が、国政の場で長らく議論された末、ドラスティックな移民法改正が行なわれることとなり、「一九八六年移民修正管理法」(Immigration Reform and Control Act of 1986　以下ＩＲＣＡと記す)が成立する。

同法の骨子は、懲罰（サンクション）と救済（アムネスティ）の二本立てであった。サンクションは、不法の身分を知りながら外国人を雇用する雇用主を罰することであり、アムネスティは、一定の条件を満たす不法入国者に身分合法化の資格を付与することであった。その条件とは過去五年間（一九八二年一月以来）一貫して不法滞在していることであったが、さらに特別農業労働者（special agricultural workers 略してＳＡＷｓ）という枠では、一九八六年五月一日までの一年間に九十日以上、米国で農業労働に従事したことが条件となっていた。ＳＡＷｓ以外のアムネスティによって合法化を認められた外国人の七割がメキシコ人で、その数は百二十万人を越える。また、百三十万人の外国人がＳＡＷｓとして認められている(13)。

アムネスティは、その恩恵に浴した者が右記のとおりであり、ＳＡＷｓの対象者も、その殆どがメキシコ人と考えられるので、それなりにメキシコ人不法入国者問題に効果があったとは云える。しかし、これは既入国者に対する施策であり、新規の不法入国を妨げることにはならなかった。新規の不法入国抑制に対する効果を期待されたのは、サンクションの方であったが、法の施行当初こそ多少は機能したものの、やがて無力化していく。施行直後には、メキシコから来る筈の労働力が農繁期に確保できず、収穫物を腐らせるなどの影響を蒙った例が報告されているが、やがて元の状態に戻っている。不法入国者であっても雇用されたからである。雇用主は、相手に不法性がないことを、偽造ＩＤなどで信じ込まされて雇用したのであれば、罰せられなかった。抜け穴である。ＩＲＣＡ前後の不法入国者の逮捕数の推移（表2）は、概ね同法の及ぼした影響の推移も表していると思われる。一旦は減少傾向を示した不法入国者の検挙数が、ＩＲＣＡ発効（一九八七年）から三年後の一九九〇年には上昇に転じている。Ｉ

表2　ボーダー・パトロールに逮捕された不法入国者数

年	総数	メキシコ人	
		数	割合
1982	819,919	795,382	97.01%
1983	1,105,670	1,076,345	97.35%
1984	1,140,466	1,104,466	96.84%
1985	1,262,435	1,218,695	96.54%
1986	1,692,544	1,635,702	96.64%
1987	1,158,030	1,123,725	97.04%
1988	969,214	928,278	95.78%
1989	891,147	830,985	93.25%
1990	1,103,353	1,054,849	95.60%
1991	1,132,933	1,095,122	96.66%
1992	1,199,560	1,168,946	97.45%
1993	1,263,490	1,230,124	97.36%
1994	1,031,668	999,890	96.92%
1995	1,324,202	1,293,508	97.68%
1996	1,549,876	1,523,141	98.28%
1997	1,412,953	1,387,650	98.21%
1998	1,555,776	1,522,918	97.89%
1999	1,579,010	1,534,515	97.18%
2000	1,676,438	1,636,883	97.64%
2001	1,266,213	1,224,046	96.67%
2002	955,310	917,994	96.09%
2003	931,557	882,012	94.68%
2004	1,160,395	1,085,006	93.50%
2005	1,189,031	1,023,888	86.11%
2006	1,089,096	981,069	90.08%
2007	876,803	808,773	92.24%
2008	723,840	661,773	91.43%

1982-87年　*1987 Statistical Yearbook of the Immigration and Naturalization Service*, Table 72

1988-89年　*1994 Statistical Yearbook of the Immigration and Naturalization Service*, Table 74

1990-96年　*1996 Statistical Yearbook of the Immigration and Naturalization Service*, Table 73

1997-2004年　*2004 Yearbook of Immigration Statistics*, Table 38

2005-2008年　Nancy Rytina and John Simanski, "Apprehensions by the U.S. Border Patrol: 2005-2008", *Fact Sheet June 2009*, Office of Immigration Statistics, U.S. Department of Homeland Security, Table 1

上記をもとに著者作成

RCAは、その骨子は既述のとおりであったが、そこにはボーダー・パトロールの予算増も盛り込まれていた。アムネスティとサンクションでは、不法入国問題は解決しないことを示唆するが如くである。

メキシコ人不法入国対策は、米国にとって、特に国境管理として重要課題であり続けており、IRCA施行後も移民法の改正がなされてきているが、課題は課題のままである。違法越境ということ自体は看過できない問題であるが、米国において、メキシコ人の労働力はニッチというべきものを占めている、ということも考慮されなければならないであろう。特に南西部の農業部門における、そのニッチには確固たるものがある。ブラセロ・プログラムは農業労働力を求めてのものであったし、IRCAのアムネスティにおいても、農業労働者は特別扱いされた。不法入国者の就労先として、農業の占める割合は低下してはいるが、機械化の進んだ今日でもメキシコ人労働力は、米国の、特に南西部農業において重要である。また農業に限らず、米国人が背を向けるような労働にメキシコ人が従事していることは、調査結果としても報告され、映画のテーマにさえなっている。[14]

さらに、表2からは、近年の新しい傾向が窺える。逮捕された不法入国者数において、メキシコ人は長らく九七パーセント前後を占めていたのが、二〇〇三年以降、九五パーセント以下となっている。不法入国での逮捕者は、基本的に出身国に送還され、メキシコ人の場合は通常、国境の南に解き放って終わりである。メキシコ人（およびカナダ人）以外の場合は、送還までの全プロセスに時間がかかり、その間、収容施設に留め置かれる。それが、ここ数年間でのメキシコ人以外の逮捕者急増で、収容施設が圧倒的に不足し、逮捕者は、送還へのプロセスとしての裁判所での手続きのために、指定された日に出頭するとの誓約書を書いて、解放される場合が多いとのことである。挙句、解放された者の七〇パーセントは出頭しない（二〇〇五年）そうである。送還に至った場合、その旅費の支弁も米国には迷惑である。また、収容施設を増設するのも、さらには収容中の経費を負担するのも、米国にとって重荷である。[15]

何れの国籍者によるものであろうと、不法入国は米国にとって問題ではあるが、メキシコ人（およびカナダ人）以外の不法入国者、そしてその増加は、米国への経済的負担としても大きな問題である。奇妙な評価のされ方であるが、メキシコ人は米国にとって負担の少ない不法入国者なのである。雇用するに重宝、送り返すも簡単、これが米国におけるメキシコ人不法入国者である。

労働力移動を考える際の古典的枠組みとも云える「プッシュ」（push）—「プル」（pull）の関係で見れば、プルの側、米国には、メキシコ人によって埋められるべき職があり、プッシュの側、メキシコには、隣国の職そのもの、また、メキシコ国内と比較しての相対的高賃金を求める人あり、である。そこに成立する移動を遮断することには無理があろう。しかしながら、移動の過程での越境が不法であることが問題である。米国への入国のあり方が非合法である人々（ウェットバック）の移動である。かつて、そのような人々をも合法的に就労させたのが、ブラセロ・プログラムであった。ウェットバックと「ブラセロ」は同質性が高く、双方とも基本的に底辺労働に従事したが、合法身分であり、契約下での労働であったことで、幾分「ブラセロ」の方が条件がよかった。その分、雇用主はウェットバックの方を好んだ。そして今日、雇用主はウェットバックを使い続けているのである。

一方、メキシコでは、主として北部国境方面で、マキラドーラ（保税加工工場）という米国系企業の工場が操業し、メキシコ人を雇用している。経営者にはメキシコの低賃金が魅力であり、米国から原材料が無税で持ち込まれ、製品になったものは、その付加価値にのみ課税されて輸出される。メキシコ人を越境させずに、その労働力を利用するひとつの形といえよう。ＮＡＦＴＡ（北米自由貿易協定　一九九四年）の発効により、マキラドーラの制度は二〇〇〇年で廃止になるとされていたが、現在も続いている。マキラドーラの稼動は、一九六四年のブラセロ・プログラム終了を引き継ぐが如く、一九六五年に始まっている。

メキシコ人は、祖国が北方領土を失って間もない十九世紀後半から、米国に働きに行っている。しかも、行先は多くの場合、かつての自国領である。その事実だけでも哀れを催す。さらに、彼らが米国で担うのは底辺労働であり、ウェットバックは勿論のこと、保証のあった筈の「ブラセロ」も往々にして、米国人労働者と比較して差別的労働条件に甘んじさせられたことも知られている。それを承知で働きに行くのなら、それを望む者の責任でもあり、国民にそうさせる、母国の不甲斐なさの問題でもある。

一方、そのような隣国から越境してやって来る労働力を、自らの都合で、いいように利用してきた雇用主は、利用できるものを利用しただけのことであろう。それが世界一の大国に属する人々の所業である。ただ、大恐慌時に強制帰国させた人々の母国に、第二次世界大戦時には労働力供給を強く働きかけ、その緊急の必要性がなくなると、やがて突き放した主は、雇用主ではなく、国そのものであった。その品性たるや……。そのような国、米国に、いまだに自国民を送り出し、底辺労働を担わしめていながらも、不法入国者の送り出し国として迷惑がられている国の方には、他人事ながら悲哀を感じる。

注

（1）Lawrence A. Cardoso, *Mexican Emigration to the United States 1897-1931*, University of Arizona Press, 1980, p.17.

（2）Abraham Hoffman, *Unwanted Mexican Americans in the Great Depression: Repatriation Pressures 1929-1939*, University of Arizona Press, 1974, pp.174-175.

（3）Lorenzo Meyer, “La encrucijada”, Centro de Estudios Históricos, *Historia General de México*, *Tomo 4*, El Colegio de México, 1976, pp.263-266.

（4）Patricia Morales, *Indocumentados Mexicanos: Causas y razones de la migración laboral*, Grijalbo, 1989, p.145.

（5）Ernesto Galarza, *Merchants of Labor; the Mexican Bracero Story*, Mcnally & Loftin, 1964, p.47, cited in Manuel García y Griego, *The Importation of Mexican Contract Laborers to the United States, 1942-1964: Antecedents, Operation and Legacy,* Program in United States-Mexican Studies, University of California, San Diego, 1981, pp.18-19.

（6）Morales, *op. cit.*, pp.150-151.

（7）Juan Ramon García, *Operation Wetback: The Mass Deportation of Mexican Undocumented Workers in 1954*, Greenwood Press, 1980, pp.227, 231-232.

（8）*Ibid.*, p.39.

（9）*Ibid.*, p.36.

（10）García y Griego, *op. cit.*, pp.25-26.

（11）García, *op. cit.*, p.40.

（12）*Ibid.*, p.236.

（13）Karen A. Woodrow and Jeffrey S. Passel, “Post IRCA Undocumented Immigration to the United States: An Assessment

Based on the June1988 CPS", Frank D. Bean et al.(eds.), *Post-IRCA Undocumented Immigration to the United States: IRCA and the Experience of the 1980s*, Urban Institute Press, 1990, p.41. Francisco L. Rivera-Batiz, et al., *U.S. Immigration Policy Reform in the 1980s: A Preliminary Assessment*, Praeger Publishers, 1991, p.3.

(14) ロスアンジェルスおよびサンディエゴで一九七五年、一九七六年に不法就労メキシコ人を追放したところ、その空いた職は米国人によって埋められることはなく、国境の南から通って来るメキシコ人（コミューター）によって埋められたことが報告されている(Mónica Verea Campos, *Entre México y Estados Unidos: Los Indocumentados*, Ediciones El Caballito, 1982, p.64)。

(15) Blas Nuñez-Neto, Alison Siskin, Stephen Viña, "Border Security: Apprehensions of "Other Than Mexican" Aliens", *CRS Report for Congress (Received through the CRS Webs)*, Order Code RL33097.

第六章

アリゾナにおけるメキシコ人への凌虐から

一・ハニガン事件・裁判

本章では、一九七六年八月十八日に、米国アリゾナ州の対墨国境域で起こった、ある事件を取り挙げる。不法入国した三人のメキシコ人が、米国人農牧場主親子に暴行されたというものであるが、加害者の農牧場主の名前から、ハニガン（兄弟）事件（Hanigan (Brothers) Case）と呼ばれる。その事件の裁判を報じる『ニューヨーク・タイムズ』は、裁判における被害者の証言に基づき、事件の概略を以下のように伝えている。

(被害者であるメキシコ人は) 以下のように証言した。(中略) サルファー・スプリングズ・ヴァレーを歩いていた時、若い農夫にさらわれ、家のあるところに連れて行かれ、そこには他の二人の農夫がいたが、その後、元のさらわれた場所に近い、国境から数マイルのところに戻った。三人のメキシコ人の証言によると、そこで彼らは熱せられた火かき棒で拷問され、三七ドルほどの現金と他の所持品を奪われたとのことである。さらに言うところによれば、彼らは裸、そして裸足の状態で解き放たれ、ショットガンの散弾を浴びせられたという。(中略) ハニガン兄弟と彼らの父親、ジョージが加害者であったことが、その三人のメキシコ人によって確かめられた。(1)

加害者はアリゾナ州ダグラス市近郊の事件現場近くにランチョ(農牧場)を持つハニガン家の者で、最初に被害者を捕らえたのがトーマス(十九歳)、そして彼に合流するのが兄のパトリック(二十二歳)と父親のジョージ(六十七歳)であった。ハニガン家のランチョと家は対墨国境近くにあり、不法越境してくるメキシコ人の通り道となっていた。事件の数年前から、その近辺では盗難事件が頻発するようになっていて、不法入国者によるものと思われていた。パトリックが妻とともに住んでいたトレーラー・ハウスも、事件の前月に被害に遭っている。その時以来、パトリックは弟のトーマスとともに周辺のパトロールを始めていたが、事件の日、たまたまそこを通りかかったのが被害者の三人、エレアサル・ルエラス、ベルナベ・エレラ、マヌエル・ガルシアであった。(2)

事件の有様をもう少し詳しく伝える『ニューヨーク・タイムズ』の別の記事は、以下のように報じている。

三人のメキシコ人は、その日、それまでに米国入りしてきた数百万の同胞と何ら変わるところもなく、越境した。チワワで建設作業員などしていたガルシアは、米国は初めてであった。メキシコのドゥランゴでの新聞売りに飽きたエレラ、そしてシナロアの貧しい内陸部から最近アグア・プリエタに移って来たルエラスは、何も心配はいらないとガルシアに言った。その二人はエルフリダの近くのランチョで働いたことがあり、そこに行けば、今度も仕事にありつけると言っていた。

ボーダー・パトロールに捕まる危険性があるハイウェイを慎重に避け、三人は国境を越え、北に向かい始めたのだった。

その当日に起こったとして明らかになったことは、事実上、全て彼らの法廷での証言と彼らへのインタヴューが源であった。そこから数マイルのところにある広大な牛の放牧場に、何時入り込んだのかはわからなかった。

彼らが言うには、ピックアップ・トラックに乗った男が彼らを見つけると飛び降り、ピストルを構えた。そして「やい、ウェットバック。どこへ行くんだ。ここで何をしているんだ」と叫んだ。

男は銃を構えて、彼らに車に乗るよう促し（その時ガルシアは、自分達が警察官の類いに逮捕されたと思ったそうである）、家のあるところまで乗せて行き、そこで牧場から出てきた二人の男と合流した。

牧夫達は数分間なにやら話した挙句、ガルシア、エレラ、ルエラスを車に押し込め、事件現場となる所に車を走らせた。

そこで牧夫達は、メキシコ人に対して、その着ていたものを剥ぎ取り、燃やしてしまうと、両手足を縛り上げ、所持していた僅かなドル札を取り上げ、三時間近くも彼らをいたぶり続けた。焼けた火かき棒で彼らの足を焼いた。そして、去勢して縛り首にすると脅した。

メキシコ人は、漸く解放されると、裸で走らされ、散弾に追いかけられながら一〇マイル程逃げ回ってアグア・プリエタ（引用者注　国境のメキシコ側の町）に辿り着き、病院に担ぎ込まれたのだった。驚いた病院のスタッフがメキシコの警察当局に連絡し、そこから、コーチーズ郡の保安官に抗議がなされた。(3)

事件後間もなく、新聞報道においては農夫であったり牧夫であったりした、ハニガン家の男三人が逮捕され、一九七六年十二月、アリゾナ州コーチーズ郡大陪審は三人を誘拐、窃盗、暴行の罪で起訴することを決定した。裁判開始前の翌年三月、ジョージ・ハニガンは死亡し、息子の二人が被告席に座ることとなる。(4)

裁判は、どこの裁判所において審理されるかで揉め、さらに陪審員の選考でも揉め、結局、一九七七年九月十五日に、コーチーズ郡の裁判所において開始されることとなった。そのように揉めたのは、コーチーズ郡内で審理すると、ハニガン家の地元であり、同家に同情的な土地柄であることから、公正な裁判が期待できないとの検察側の主張があり、また、同郡内での審理が決まった後にも、弁護側の要求で、陪審員からメキシコ系アメリカ人を排除するなどしたからである。結局、裁判は同郡内ビズビーの裁判所で、隣のピマ郡の判事によって開かれ、陪審員は全員が非メキシコ系の白人であった。(5)

メキシコに帰っていた被害者三人は出廷し、証言した。また検察側から、事件直後に三人を治療したアグア・プリエタの病院の医師の証言、物的証拠を用いての捜査官の証言、さらに犯罪学者の証言も行なわれた。それに対し弁護側は、被告にはアリバイがあると主張し、さらに被害者のメキシコ人の証言の矛盾をつき、証言の信憑性を貶めようとの法廷戦略で臨んだ。被害者は事件後、捜査官の前や大陪審の場などで五回も供述し、それが記録に残っていたが、ハニガン家の弁護士は、それら記録に残っている被害者の供述と、当日の裁判の場での証言との間に、食い違いを発見しては強調したのであった。さらに弁護士は、被害者のメキシコ人がハニガン家からの賠償金を求めているかのように、巧みに証言を誘導した。一九七七年十月七日、陪審団は、パトリック・ハニガン、トーマス・ハニガンの両名とも、全ての訴因（三人のメキシコ人に対する誘拐、凶器による暴行、窃盗）について無罪との評決を下した。(6)

この三人のメキシコ人が被害に遭った事件、およびその裁判は、国境の南北で大いに関心を持たれていた。メキシコ政府は事件について公式に米国政府に抗議し、米国内ではメキシコ系アメリカ人（以下、メキシコ系と記す）によってのみならず、審理の過程が注目されており、無罪評決は各方面で大いなる批判、抗議にさらされた。事件があった地域（ダグラス）のメキシコ領事は強い不快の念を示し、「これは、不法身分のメキシコ人狩りの解禁を告示したようなものだ」と語った。また、アリゾナの人権擁護団体のリーダーは、評決後直ちに、連邦政府に対し、ハニガン兄弟を人権蹂躙の罪で裁くことを要求する考えを表明した。(7)

陪審団が、ハニガン兄弟が三人のメキシコ人に対し何らかのことを行なったことは事実である、と認めるやり取りを、判事と交わしていたことが、評決後に明らかになった。そして、同兄弟を、実際に問われていた罪より軽微な罪で裁くことを判事にもちかけた、というのである。そのことを伝える地元紙は、同時に、捜査に当たった警察官の捜査と報告書作成の杜撰さを指摘し、またハニガン側弁護士による、被害者の証言の矛盾を突いた法廷活動が効を奏し、陪審団が被害者の証言に疑問を持ったことも報じている(8)。

評決結果に対する批判は、前述の人権団体から上がったのみならず、事件の地元、アリゾナの対墨国境域では、件の評決は策略と偏見によるものであるとして抗議デモが繰り広げられ、メキシコ系住民による、地元商店での不買運動が呼びかけられた。そして、その指導者は、連邦の司法長官に対し「司法の明白な誤りを正す」ことを求める手紙を書くことを運動の賛同者に促した。また、その示威行動にはアリゾナの主要都市、トゥーソンのカトリック教会神父も加わり、「我が国の大統領は他国の不正に口出ししているが、自国内の不正が放置されるべきでない」と、当時の大統領、カーター(Jimmy Carter)の人権外交に絡めて訴えた(9)。

評決不当との批判に対し、米国の連邦司法当局は、評決の翌週にはＦＢＩに協力を要請し、ハニガン兄弟を公民権法で裁けるかどうかの可能性を検討し始めている。ＦＢＩは立件を是とするには至らなかったが、批判勢力の中に、事件の地元のダグラス出身で、ワシントンＤ．Ｃ．のロースクールで学んでいた、メキシコ系の正義感あふれる法律家の卵、ブスタマンテ(Antonio Bustamante)がおり、彼の精力的な運動が、やがて実を結ぶ(10)。

「ハニガン事件全国支援委員会」(National Coalition on the Hanigan Case　以下「支援委員会」と記す)が結成され、国会、大統領府、米国公民権委員会といった、影響力のありそうな相手に対し、ロビー活動が展開された。「白頭鷲を撃てば起訴されるのに、メキシコ人を撃っても起訴されないのか」と叫ぶブスタマンテに呼応する者の少なくなく、それはメキシコ系社会の枠を超えて広がっていった。例えば、メリーランド大学のイラン系学生協会、カンザス傷痍退役軍人会などが新たな裁判を要求し、AFL－CIO（米国労働総同盟産別会議）会長は不正義が正されていないことを批判した。メキシコ大統領、ロペス＝ポルティージョ（José López Portillo）は一九七八年に発した声明の中で、事件への関心を示し、また、カーター大統領は「如何なる事情によるものであれ、米国内にいる、全ての者の基本的人権を守る」と言明した。(11)

一方、ハニガン家に同情的な人々が、メキシコ系が司法省に働きかけを行なっていることを不快とし、地元のダグラスで支援グループを結成した。「自由のための開明派国民連合」（Enlightened Nationals United for Freedom）と名乗るそのグループは、ハニガン家の弁護士費用に供するための募金を行ない、政府に開審要求を棄却するよう働きかけ、地元紙にも訴えた。彼らの主張には、「メキシコ人の子供が学校に行くぐらいはいいが、この不法入国者を放っておいたのでは破滅を招く」、「（自分たちのいる所が）ある朝、目覚めたらメキシコ領になっていた、などということになってしまう」というものもあった。その支援者たちは、ハニガン家の者が三人のメキシコ人を痛めつけたことは認めていながらも、ハニガン兄弟が二度も裁判にかけられることは承服し難かったのだという。(12)

「支援委員会」は、ハニガン兄弟を公民権法で裁くよう連邦に告発したが、退けられた。公民権法の二つの主要項目のうち、一項目は米国民にのみ適用され、もう一項目は違反者が法の執行官の場合にのみ適用される、というのが理由であった。しかし「支援委員会」は諦めず、裁判に持ち込む検討を重ね、また、数十人の連邦および州の議員、聖職者、そしてヒスパニックのグループが、連邦政府を動かすべく活動を続けた。[13]

それらの活動は無駄ではなかったようで、一九七九年十月十日、連邦大陪審は、ハニガン兄弟の起訴を発表した。適用されたのはホッブズ法（Hobbs Act）なる、「州および国をまたがっての取引」（interstate and foreign commerce）が妨げられることを防止するために設けられた法律であった。同法はそれまで専ら組織犯罪の取り締まりに用いられ、最高刑は懲役二十年、罰金一万ドルというものであったが、人権に関わる事柄で同法が適用されるのは異例のことであった。被害者のメキシコ人は「求職者」として「取引」の対象であり、彼らの働きに行こうとしていた先の農牧場が「州をまたがっての取引」をしていたとの解釈がなされ、同法が適用されたとのことである。[14]

連邦での裁判は、一九八〇年六月二十六日にトゥーソンにおいて開廷された。弁護側からの「一事不再理」の申し立て、そしてホッブズ法の適用不当の訴えを退けてのものであったが、陪審員の選定においては、弁護側の要求により、三年前の州裁判の場合と同じく、メキシコ系が排除された。裁判には、メキシコから被害者三人が出廷して証言した。また、前回の裁判ではなかったことながら、パトリック・ハニガンの前妻が、ハニガン兄弟が「ウェットバック狩り」にしばしば出掛けていたことを証言した。弁護側は前回に引き続き、被害者の証言に矛盾を見出し、その信憑性を貶めようとした。[15]

同年七月末に出た結果は、十二人の陪審員のうち八人が有罪、四人が無罪で相譲らず、無評決というものであった。ハニガン兄弟の断罪を求めて活動し、裁判を注視してきたメキシコ系の支援者は、直ちに抗議行動を起こし、八月三日にはアリゾナの州都フェニックスで、新たな裁判の実施を掲げてデモ行進が行なわれ、同日、ワシントンD．C．では「支援委員会」が、司法省に裁判のやり直しを要求した。また、同年に行なわれる大統領選挙に独立系候補として名乗りを上げていたアンダーソン（John B. Anderson）を含む、十七名の連邦議員が、もう一度裁判が行なわれるべきであると、司法副長官に対し、意見表明した。こうした動きを受けて、司法省は、同月末には、三度目となる裁判を行なう方針を固めるのであった(16)。

新たな、そして三回目となるハニガン兄弟に対する裁判は、一九八一年一月二十日に開廷した。評決がかなわなかった前回の事態を受けての、この裁判には、前回と大きく異なる点が二点あった。第一点は、場所を前回のトゥーソンからフェニックスに移したことであり、これは前回、支援者による裁判への示威活動が激しかったことを受けて、陪審団への影響を考慮し、トゥーソンよりは穏やかになると期待されたフェニックスに移したものであった。第二点は、二人の被告に各々別の陪審団を付け、被告の一方に関する証言が行なわれる時は他方の陪審団は退廷する、という方式が採られたことである。陪審員の構成においては、検察側からの反対があったものの、前回までと同様に、メキシコ系アメリカ人は忌避された(17)。

ビズビーでの州の裁判から数えて三度目となる、フェニックスにおける裁判は、一九八一年二月二十三日に結審した。その過程で、検察側からの新たな証言として、パトリック・ハニガンが「ウェットバックの奴らを締め上げてやった」と言うのを聞いた、という女性の証言が披露された。評決の結果は、パトリック・ハニガンは、三人のメキシコ人に対し暴行と窃盗を働いたとして、ホッブズ法により有罪というものであったが、弟のトーマス・ハニガンは無罪であった。その後、パトリックは懲役三年の判決を言い渡された。彼は連邦最高裁にまで持ち込んで無罪を主張したが退けられ、一九八三年五月二十四日に刑が確定し、服役した(18)。

二．ハニガン事件に見出されるもの

アリゾナの片田舎で起こった暴行事件が、やがて全米で注目され、その法的な扱いが法曹界を揺るがすほどになったハニガン事件、およびその裁判に見出される問題点を整理してみる。

（一）米国においてメキシコ人不法入国者が暴行等の被害に遭う
（二）（一）の容疑者の米国人が逮捕され、起訴されるが無罪となる
（三）（二）の無罪に対し非難が起こり、改めて裁判が行なわれ、一部有罪となる

（一）の背景として、事件の現場地域ではメキシコ人不法入国者によるものと見られる窃盗被害が頻発し、地域住民におけるメキシコ人不法入国者もしくはメキシコ人に対する悪評が存在していた、ということを挙げなければならない。（二）で逮捕される容疑者は、自身がそのような窃盗の被害者であった。（二）は、裁判における陪審員からメキシコ系住民が排除されていたことは問題になるかもしれないが、容疑者逮捕、起訴、評決という、図式としては通常のものである。（三）にこそ、この事件の扱いにおけ

る異質性が見出され、一事不再理の原則を破るかの如きプロセスが踏まれ、この段階での裁判は、一回目が無評決となりながら、さらに二回の裁判が行なわれ、二人いた被告の一方が、最終的に有罪となっている。

この事件が（二）で終わりとならなかったのは、その評決を不当と考える者が被害者以外におり、その人々が行動を起こしたからであった。その人々は必ずしもメキシコに関わりを持つ人ばかりではなかったが、中心的役割を果たしたのはメキシコ系であった。十九世紀以来、特に南西部で、二級市民扱いに甘んじてきたメキシコ系が、エスニック・アイデンティティを声高に主張し始めるのが一九六〇年代であり、それが高揚したのが同年代後半から一九七〇年代にかけてである。その主張を一面的に捉えれば、その闘う相手は米国のレイシズムであり、ハニガン事件およびその裁判は、まさにその矛先の一つであった[19]。

同事件、裁判の、何についてレイシズムが見出されるかであるが、考えられるのは裁判における陪審員の選定のあり方である。州、連邦の、何れの裁判においても、メキシコ系住民は陪審員から除外されている。この類いのことはハニガン裁判に限られたことではないが、ハニガン裁判においては、少なくとも被告、ハニガン兄弟が不利になることではなかった。陪審員が全員白人の評決で、白人が黒人を殺した場合の裁判では白人被告は無罪となり、黒人が白人を殺した裁判では黒人被告が有罪となった例が挙げられて、陪審員の選定が差別につながることがあることが指摘されている[20]。ハニガン裁判においては、州および連邦の検事が、メキシコ系を排除した陪審員の構成に異議を唱えており、陪審員の選定の問題では必ずしも米国の「公」としてのレイシズムと指弾されるものでもないように思える。現に、ハニガン裁判においても、三回目には全員白人の陪審団がパトリック・ハニガンを有罪にしている。

しかし、一、二回目のハニガン裁判においては、被告が有罪になっていない。ハニガン兄弟とその父親という白人（本書第二章に合わせればアングロ）が、メキシコ人に暴行を加えたのは明々白々であるのに、加害者が有罪とならないのであれば、結果としての差別、レイシズムが見出されるというものである。その結果に、レイシズムの被害者の立場のメキシコ系が怒り、強力な抗議行動を展開し、メキシコ系以外の人々の共感も得、連邦政府を突き動かすに至ったと、この一連の経緯は捉えられるのではないだろうか。最初の裁判で被告が無罪になったのは、前述の陪審員の選定のあり方をどのように捉えるかにもよるが、裁判のプロセスそのものには確定的なレイシズムの要素は見出せない[21]。しかし、その州裁判の結果は前項で記したとおりであり、連邦政府はかなり詭弁的とも思われる、ホッブズ法などというものまでを適用し、一事不再理の原則逸脱との誹《そし》りを乗り越えて[22]、結果を正さなければならなかった、といったところであろう。

事ほど左様に、ハニガン事件の裁判は特異なものであった。それをもたらしたものは、米国の社会正義というもののあり方に対する、メキシコ系、さらにはマイノリティ全体の不満であったと云えよう。個人レベルの暴力事件を「州をまたいでの取引」妨害とするのは、どう考えても奇異であり、また、ハニガン兄弟の兄、パトリックだけが有罪となり、事件においては兄とほぼ同じ加害行動をしたと思われ、少なくとも兄の共犯である弟のトーマスが無罪である、ということも理解し難い。法学の素人が、米国の司法のあり方を問う、などというつもりはさらさらないが、結果として、素人にも矛盾が感じられるような司法措置をとらしめたのは、メキシコ人が被害者となる犯罪の、加害者が処罰されないことへのメキシコ系の怒りであり、その大きさと説得力の程は強調してもよいのではないだろうか。

また、この事件は、被害者がメキシコ人であったのと同時に、不法入国者であったことも、一つの特徴的な要因であり、それゆえに注目された面もある。不法入国者がさらに窃盗などの不法を行なっているのを知っている人達が、ハニガン兄弟に同情的となるのも無理からぬことである。一方、ある人権団体のリーダーは「ハニガン事件は、不法入国者に対する暴力を止めさせる基点になり得る」と連邦裁判が開始された後に語っている[23]。米国内で暴力などの被害に遭っても、不法身分ゆえに、泣き寝入りをやむ無しと思ってきた者に対して、米国の司法に訴えることができることを示し、不法入国者の無権利状態とも云うべきものに風穴を開けたことは大いに有意義であった。

そのような事情で注目されたハニガン事件であったが、筆者には、その裁判以前に、事件そのものにも大いに見出すものがある。先ず、改めて事件の模様を、二回目の裁判での被害者マヌエル・ガルシアの証言を報じる記事の紹介によって再確認する。

ガルシアは、一九七六年八月十八日に、ダグラスから国境を挟んですぐのところのアグア・プリエタを出発し、越境し、風車の下にあった水タンクで水の補給をするところまでを語り、そして続けた。

ピックアップ・トラックの男が近寄って来て、「やい、ウェットバック、どこに行くんだ」とスペイン語で尋ねた。法廷でトーマス・ハニガンであるとガルシアによって確認されたその男は、被害者に車に乗るよう、銃を構えて促した。

被害者は牧場の家に連れて行かれ、そこで、ジョージ・ハニガンとパトリック・ハニガンと後に確認される、二人の男が加わる。パトリックが三人のメキシコ人を見た時、「俺はお前たちを知っている。お前たちは俺の家からピストルを盗んだんだ」と言った。検察側によると、ハニガン家の者は、先月パトリックのトレーラー・ハウスが被害に遭った盗難事件の報復のために、メキシコ人を探していたとのことである。

ハニガン親子は、メキシコ人を川溝のあるところに車で連れて行き、そこで銃を突きつけながらメキシコ人の手を縛り上げ、転がした。ガルシアは「何故だ」と、そして「自分は、あんたたちに何もしていないじゃないか」と叫んだ。

パトリックはガルシアが三六ドルと小銭を持っているのを見つけると自分のポケットにしまいこんだ。「彼らは私たちを火の所までロープで引きずっていったようだった。そして『水が飲みたいか』と尋ね、私たちが頷くと、背中と足に水をぶっかけたのです。今度は私たちを焼けた地面に転がしたのですが、地面の熱さで私たちは蛇のように、のた打ち回りました」とガルシアは言った。

彼と他の二人は、解放されてメキシコに逃げ帰るのだが、加害者の一人が銃弾を浴びせかける中でのことだった、とガルシアは証言した。(24)

この事件の推移は以下のように捉えられる。

① 米国人が盗難の被害に遭う。

② ①の被害者は、犯人は不法入国メキシコ人である、と断定する。

③　①の被害者自身が犯人探しをし、犯人と決め付けたメキシコ人を拘束する。
④　①の被害者は、③のメキシコ人に罰を与える。

ここで、第二章冒頭で紹介した、一八五〇年代にカリフォルニアで起こった事件を思い出していただきたい。家畜泥棒という、そもそも存在しなかった出来事の犯人にメキシコ人を仕立て上げ、処刑してしまったという事件である。あの事件の展開は、以下のようなものであった。

①′　白人（米国人）が盗難の被害に遭った（と思い込む）。
②′　①′の「被害」者は、犯人はメキシコ人である、と断定する。
③′　①′の「被害」者もしくはその仲間が、最初に現れたメキシコ人を犯人として拘束する。
④′　①′の「被害」者もしくはその仲間が、③′のメキシコ人を処刑する。

事件ないし事故が起こった時、通常であれば、被害者なり目撃者なりが司法機関に通報する。司法機関はそれが事故なのか犯罪によるものかを判断し、犯罪であれば捜査をする。上記の①′～④′のうち、②′～④′は、本来、司法機関が行なうことである。司法機関に協力するという意味で、②′③′が被害者によって何らかの形で行なわれることは考えられるが、④′は論外である。しかし、一八五〇年代のカリフォルニアで起こった事件にあっては、②′～④′の全てが公の司法機関の関与なしに行なわれた。

その上、この事件は、本来、起こる筈のないものであった。馬もロバも実際には盗まれていなかったのであるから、①は存在せず、従って②③④と展開すべくもなかった。しかしながら、実際には馬鹿馬鹿しい思い込みによって②へと進む。ここで筆者が問題にしたいのは、何らの根拠もなく犯人を特定の集合の範囲で考え、さらにその集合の要因をエスニックなものとした、ということである。少なくとも、自分が属さないエスニックな集合体に犯人を求めている。この事件の場合、地域と時代背景から、その集合体は先住民か、メキシコ人にされるのが、もっともらしい。その土地は、元々は先住民のものであり、また数年前までメキシコという国家が領有していたが、フロンティアの時代、そこに白人（アングロ）が流れ込んで来ると、彼らの「正義」によって、元々の住民たる先住民も、メキシコ人も、悪者にされていた。

事件の起こったカリフォルニアには、一八四八年に米国領になってからも、カリフォルニオ（californio）と呼ばれた先住メキシコ人が住んでいた。また、ゴールド・ラッシュ時の金鉱掘りには、メキシコ北部のメキシコ人も押し寄せ、彼ら以外のラテンアメリカ出身者（チリ人、ペルー人）とともに、白人（いわゆるフォーティーナイナー）と競合関係にあった。白人は、競合する相手を「グリーザー」と呼んで蔑み、また、一八五〇年に「外国人採鉱税法」（Foreign Miners' Tax Law of 1850）を制定することで、外国人である彼らを排除しようとした。メキシコ人たち「グリーザー」はこれに抵抗し、白人との関係は、平和的なものからは程遠かったのである。[25]

カリフォルニオも、金鉱掘りのメキシコ人も、総じてメキシコ人は白人に抵抗するという図式があり、その中でホアキン・ムリエタ（Joaquin Murieta）のような義賊的お尋ね者が登場し、ヒーローとして、メキシコ系の間で今日まで語り継がれている。ムリエタが犯罪に走ったのは、妻が白人の鉱夫たちに凌辱されて殺されたからであったとされるが、襲われる立場に立った白人はメキシコ人の盗賊に恐怖し、自警団を組織し、メキシコ人皆殺しを叫んで回った[26]。

そのような背景があって、この事件でも犯人はメキシコ人となった。③'は、メキシコ人なら誰でも（強いて言えば拍車を付けたメキシコ人なら誰でも）よかったかの如くで、犯人は簡単に捕まった。そして、すぐに④'に移行し、犯人は処刑されている。一応、陪審員の評議が行なわれてはいるが、これは余興とでも呼ぶほかはない。

この一八五〇年代の事件のプロセス（①'～④'）と、百二十年後に起こったハニガン事件のそれ（①～④）は、ほぼ同一である。先ず、盗難事件が発生する（一方の場合では実際は発生していなかったが）。被害者（もしくは「被害」に遭ったと思いこんだ者）は白人の米国人である。被害者は事件の処理を司法機関に委ねず、自分で犯人をメキシコ人と断定する。ここまでは、両プロセスは同一である。次の段階で、犯人とされるメキシコ人が捕らえられる。ハニガン兄弟がメキシコ人を捕まえ、暴行を加える前に、捕まえた相手を犯人と断定する言動をパトリック・ハニガンがしているが、実際は、メキシコ人不法入国者であれば誰でもよかったとも思われる。要するに、最初に出会った「それらしいメキシコ人」を捕えたのであり、③と③'は同一視できる。さらに、拘束してすぐに罰を与えており、④と④'も同一である。生命まで奪うかどうかの違いはあったが、ハニガン事件は、一八五〇年代の事件と同じ図式によって推移したといえよう。

この二つの事件の間には百二十年という時間の隔たりがあり、一方は、いかにもそのような事件の起こりそうな時代に起こっている。『アメリカ・暴力の歴史』の著者、ホロンによれば、「十九世紀半ばの平均的なアメリカ白人開拓者は、肌の黒いものはすべて劣等民族だから法の平等な保護などあたえる必要はないと考えていた」[27]そうであるが、そのような考えがまかり通り、米国領となって間もなくゆえ、統治機構が整備されないうちに、金鉱を掘り当てようと人だけは押し寄せていて、法の支配などからは、およそかけ離れていた頃のことであった。ここに紹介した事件は、伝聞を書き綴った者がいたため例外であろうが、記録に残らない、同じような理不尽な出来事は、数多《あまた》あったことと思われる。米国におけるメキシコ系の歴史に関する古典とも云うべき作品の著者、マックウィリアムズは、ロスアンジェルスでは一八五四年に、一日に一人は人が殺され、その犠牲者の殆どがメキシコ人か、先住民であるとし、メキシコ人をリンチにかけることは野外スポーツのようになっていた、と評している。[28]

件の事件は、そのような無法時代の「西部」の「フロンティア」での出来事である。それよりも時間的には後の、多少は統治が浸透した時代になっても、「西部」の先住民へのジェノサイドとも評すべき、いくつかの悲劇が起こっており、無法が許されるわけではないが、その類いの犯罪が起こっても不思議でない、荒くれが跋扈《ばっこ》していた時代のことではあった。一方、ハニガン事件はと云えば、米国が月に人を送るような時代に起こっている。米国全土が物質的にも制度的にも進歩し、公民権法の成立後十年以上も経過し、他国の人権問題に口出しをしている頃の米国で、「西部劇」の時代とまったく同じようなことが起こったことが問題である。裁判のプロセス、結果以前に、筆者がハニガン事件に注目する由縁である。

しかも、一旦は、それを然るべく裁くことができなかったことも、やはり問題である。然りながら、国家としてそれを放置せず、連邦政府が「ホッブズ法」なる、専門家しか知らないような法律を、かなりの無理を押して適用し、裁こうとしたことは、それ自体にまた別の問題が見出せるものの、一応は国家として「西部劇」的野蛮さを断罪しようとしたと評価できなくもない。しかし、ここで敢えて確認しておきたいことは、政府をそのように動かしたものは、自身の「公正さ」への執着などではなく、メキシコ系やメキシコ人の強い抗議であった、ということである。西部劇の時代ならいざ知らず、百二十年後のメキシコ人、メキシコ系は黙っていなかった。

百二十年前と同じ無法、野蛮は驚きであるが、その当時と変わらないかもしれないメキシコ人、メキシコ系に対する蔑視、差別の存在は、驚くに値しない。ハニガン事件は、ハニガン家が盗難の被害にあったから起こったことではあったが、少なくとも、加害者（ハニガン家の人々）がメキシコ人を快く思っていなかったのは事実である。ハニガン兄弟の父、ジョージ・ハニガンは、ランチョの所有者にして乳業会社の経営者で、共和党の全国大会の代議員を務めたこともあり、地元では一廉《ひとかど》以上の存在であったが、たいへんなメキシコ人嫌いであった。地元の親睦会にメキシコ系が入会しようとすると、締め出しのための画策をして常に排除していたそうであり、息子のトーマスの高校生の時のパーティーにメキシコ系の友達が来た時には、「すぐに追い返せ」と言い放ったそうである。(29)

三、米国におけるメキシコ人の地位

本章はハニガン事件について、先ず、事件そのものの前近代性に注目し、アングロが自分たちの正義を振りかざし、メキシコ人に犠牲を強いたことを問題とする。アリゾナの、西部劇の舞台として知られるトゥームストーンに至近の地でのことながら、フロンティアが消滅したと云われてから百年近くも後に、西部劇の一場面のような手荒な事が、台本なしに、無辜のメキシコ人相手に行なわれたのである。そのようなことを行なうアングロがまだ存在したという事実は、例外的なことではないかと思いたくもなる。しかし、その行ないに同情的な近隣住民の存在、加害者を無罪と評決した当初の裁判結果などを大小合わせ考えれば、十九世紀の、横暴にして露骨なグリンゴ優越の意識が、少なくとも当該地域においては、一世紀後も引き続き存在しているのではないかと考えさせられる。

程度の大小を問わなければ、アングロ優越、メキシコ人蔑視が、アングロの間に存在し続けていることは云うまでもなく、それゆえにメキシコ系の人々が自らを守るべく組織をつくり、特に自らをチカノと呼ぶ人々が、不正義、不平等に泣き寝入りしないとの運動を、一九六〇年代から展開するようになっているのである。ハニガン事件に筆者は、アングロ優越の前近代性の存続を見る思いであり、一世紀以上前の出来事との同質性に注目したものである。しかし、メキシコ人にとってハニガン事件は、事件そのものも然ることながら、むしろ事件後のプロセスの方が大いに問題であった。

メキシコ人、そしてメキシコ系の人々は、この事件の裁きに大いに執着し、最初の裁判での無罪評決に怒りを顕わにした。本事件は、このような事件後のプロセス、すなわち裁判に大いに関心が集まったのだった。二回目、三回目と裁判が行なわれ、終に三回目に、加害者の一人が有罪となるに至る。メキシコ系の主張が一矢報いたのであるが、このプロセスについて、筆者はある種、小さからぬ戸惑いを覚えたものである。有罪となるべき被告が無罪となったことに対し、強い抗議があったので、連邦政府（司法省）はあらためて裁判を実施することとし、被告の一人は有罪となったのであるが、抗議の声が大きければ何とかなるのか。

司法というもののあり方に行き着く問題で、戸惑うのと同時に、被害者側が声を上げたことによって、ハニガン事件の加害者は、珍妙な形ではありながらも裁かれたことを考えると、世論と政府をそこまで動かしたメキシコ系のパワーには驚かされる。アリゾナの片田舎の暴行事件が、一時は全国紙で連日報じられる程に注目され、また、そうなるよう、メキシコ系がエネルギーを注いだものであった。そのエネルギーと、それがもたらした結果に驚くとともに、エネルギーの源の何たるかを考えさせられる。第二章で、百年前のメキシコ人の受難と抵抗を取り挙げたが、その後も、メキシコ人やメキシコ系への二級市民的扱い、差別は珍しくなかった。平等の国、米国における不平等や差別の存在が、彼らに、是正へのポテンシャル・パワーを持たせることになったと考えられなくもない。

特に一九六〇年代までは、メキシコ人やメキシコ系は、学校で、労働の場で、また日常生活において、さらに極端な場合は死後まで、まさに「揺籃から墓場まで」の差別にさらされてきた。メキシコ系の多い地区の学校は、劣悪な条件下にあった。職場では、メキシコ系は「採用されるのは最後で、解雇されるのは最初」などと云われ、雇用、昇進において不利を強いられ、不平等に忍従させられてきた。「メキシコ人と犬、お断り」のレストランや、メキシコ人使用禁止のプールもあった。さらに、墓地さえも、メキシコ人を締め出している所があった。また、司法や政治への参加プロセスから排除される傾向も見られた。陪審員から除外されたり、選挙権の行使を妨げられる場合もあったのである。[30]

一九六〇年代を境に多少の改善は見られるものの、彼らが不平等に泣かされ、人権を蹂躙される図式は消滅していない。彼らが、特に公権力の暴力の犠牲になっていることは、随所で指摘されている。暴力の主は警察官であったり、また、国境域のボーダー・パトロールであったりする。いわゆる、警察官の暴虐（police brutality）に類するものであり、ロスアンジェルスで警察官がアフリカ系住民を打擲《ちょうちゃく》し、その後、暴動にまで発展した、一九九一年のロドニー・キング事件で、アフリカ系に対するそれは大いに関心をもたれるところとなったが、メキシコ系も劣らず被害に遭っている。メキシコ系のスペイン語TVチャンネルでは、「警察官の暴虐」がひとつの番組を形成し、メキシコ系の被害の実例が定期的に報告されていた程である。

法の執行官が不法行為者を取り締まるのは当然である。ただ、その執行に際して、人間的要因に関しての偏見、ダブル・スタンダードなどが絡めば問題である。実際、メキシコ系の人々はメキシコ系であるという人間的要因ゆえに、例えばヨーロッパ系の人であれば受けないと思われる不当な扱いを受けてきているが、そのような問題については、メキシコ系アメリカ人史において数多くの研究者によって指摘、さらには論難されている。[31]

警察官やボーダー・パトロールが「公」（もしくは「官」）であるなら、「私」（もしくは「民」）のレベルに、筆者は注目した。本章においては、一九七〇年代にアリゾナの国境域で起きた、米国人によるメキシコ人不法入国者への暴行事件を取り挙げ、そこに見出されるべき問題点の抽出を試み、考察した。

ハニガン事件の裁判決着後、三十年近くになるが、この事件が研究者によって取り挙げられることは稀である。例えば、第二章に登場した社会学者、ミランデは、その著書において、ハニガン事件も僅かながら取り挙げ、もっとも忌まわしい事件の一つとして指弾している。[32] しかしながら、筆者がメキシコ系の歴史学者として注目し、実際、メキシコ系の歴史についての評価の高い著書を世に送り出している、複数の研究者の代表作において、ハニガン事件は触れられていない。ただ、それらの著作において、警察などの公権力が加害者、もしくは主謀者となった事件は、数多く取り挙げられている。すなわち、「公」(もしくは「官」)によるものが取り扱われているのであった。「公」が起こす事件は、「民」を平等に扱うべき公権力が起こしているがゆえに、とりわけ罪深く、その不平等は、当然、告発されるべきであるから、研究者がこれを取り挙げて論及するのであろう。

ハニガン事件は、裁判はともかくも、事件そのものは「私」のレベルのものであり、それがゆえに筆者は注目したのである。「リベラリズムというものは、表面的には平等を、しかし実質的には不平等をもたらすものなのだ」[33] との捉え方があるようであるが、自由の国、米国で、建国二百周年の年に起こった事件に、その捉え方の慧眼たるを知らされた思いがする。

米国では、ヒスパニックと呼ばれる人々が、二〇〇〇年にアフリカ系を抜いて以来、人口において最大のマイノリティとなっている。中でもメキシコ系が最大にして、その過半を占める。さらに米国内には、米国籍を持たないメキシコ人が多くいて、その中でも、不法身分の者が約六百万人以上いると推定されている。[34] メキシコ系ないしはメキシコ人が特に多いのがカリフォルニア、テキサスである。本書冒頭で紹介したロスアンジェルスは全米第二の都市であるばかりでなく、メキシコ系も含めてメキシコ人第二の都市とも云われ、その人口はメキシコ市に次ぐ。その存在をネガティヴに評価する動きが、今日、顕在化していて、全米の中では比較的リベラルと思われているカリフォルニアでありながら、メキシコ系やメキシコ人に大いに関わる、提案六十三号、提案百八十七号、そして提案二百九号といった、リベラルであることをかなぐり捨てるような住民提案が、州民の支持を得るなどしている[35]。これらの提案は、英語を話さないこと、不法入国、そしてアファーマティヴ・アクションが各々問題にされたのであり、特に前二者はメキシコ系ないしはメキシコ人が主たる標的であった。彼らが、米国のメイン・ストリームにとって否定的な存在であることを窺わせるものである。一方で、連邦政府の重要閣僚にメキシコ系が就任するようにもなっている。

注

（1）*New York Times*, 24 February, 1981.
（2）Tom Miller, *On the Border: Portraits of America's Southwestern Frontier*, Harper & Row Publishers, 1981, pp.143, 149-150, 152.
（3）*New York Times*, 2 September, 1979.
（4）*Ibid. Arizona Daily Star*, 23 March, 1977.

（5）Miller, *op. cit.*, pp.155, 157-158.
（6）*Ibid.*, pp.158-164. *Arizona Daily Star*, 8 October, 1977.
（7）*Arizona Daily Star*, 8, 9 October, 1977.
（8）*Arizona Daily Star*, 16 October, 1977.
（9）*Arizona Daily Star*, 17 October, 1977. 国境域商店での不買運動は、商店主たちにハニガン兄弟への評決不当の行動を起こさせるべく、十月十六日に始められたが、圧力がかかって十月二十六日に中止されている (*Arizona Daily Star*, 27 October, 1977)。
（10）*Arizona Daily Star*, 12 October, 1977. Miller, *op. cit.*, pp.165-166.
（11）Miller, *op. cit.*, pp.166-167.
（12）*Ibid.*, p.169.
（13）*New York Times*, 11 October, 1979.
（14）*New York Times*, 11 October, 1979, 20 January, 1981. ミラーは、ホッブズ法およびその適用について以下のように記している。ホッブズ法は一九三〇、四〇年代にアラバマから選出されていた下院議員サミュエル・ホッブズ（Samuel Hobbs）に因み、「自由に生まれた米国人が市場に赴く自由を保障することを謳っていた」。法そのものは、「暴力の脅威によって州をまたがる取引を妨害する」ことを対象とするとしているが、裁判所は取引に対する潜在的な妨害をも対象とすると解釈した。マヌエル、エレアサル、ベルナベ（被害者のメキシコ人……引用者注）が向かっていた農場は、全て州をまたがった取引を行なっており、それらの農場が雇う可能性のあった者を妨害することは、同法に違反する。三人の労働者は仕事を求めていたのであるから、彼ら自身が取引を形成していた（Miller, *op. cit.*, p.168)。
（15）*New York Times*, 26, 27 June, 2, 7, 21, 25 July, 1980.
（16）*New York Times*, 4, 29 August, 1980.
（17）*New York Times*, 20, 24 February, 1981.

（18）*New York Times*, 21, 24 February, 1981. *Arizona Daily Star*, 1 December, 1982, 25 May, 1983.

（19）一九六〇年代後半以降、黒人の公民権運動にも触発され、また、世界的な若者の抵抗運動の潮流に乗り、メキシコ系も自己主張をし、独自の政党（el Partido de la Raza Unida）が創設され、またセサル・チャベス（César Chávez）というカリスマ的リーダーの指導の下、農業労働者の運動も盛んになっていた。ただ、どの程度までメキシコ系全体の運動であったかは疑問であるが、メキシコ系のインテリが数を増しつつある時でもあり、自らの歴史を知り、政治的、社会的に目覚めた者が、ハニガン裁判を支援したのであった。

（20）William Wilbanks, *The Myth of a Racist Criminal Justice System*, Brooks / Cole Publishing Co., 1987, p.93.

（21）この事件の裁判を、傍聴もしくは取材した現地の人（複数）から筆者が聴取したところによると、一回目の裁判で無罪評決となった背景には、公判の場でのスペイン語通訳者の不適格の問題があったとのことである。

（22）連邦裁判においては、この「一事不再理」を弁護側が大きく主張したが、その二回目の裁判以降は云わば「一事不再々理」が主張された。即ち double jeopardy, triple jeopardy が問題とされたのであり、有罪とされたパトリック・ハニガンは、彼の起訴は triple jeopardy であると主張したが、却下されている（*Arizona Daily Star*, 24 January, 1982）。

（23）*New York Times*, 7 July, 1980.

（24）*New York Times*, 2 July, 1980.

（25）W・E・ホロン（中山容、福本麻子訳）『アメリカ・暴力の歴史』人文書院、一九九二年、九〇－九二ページ。John R. Chávez, *The Lost Land: The Chicano Image of The Southwest*, University of New Mexico Press, 1984, p.47.

（26）Walter Noble Burns, *The Robin Hood of El Dorado: The Saga of Joaquin Murrieta, Famous Outlaw of California's Age of Gold*, University of New Mexico Press, 1999, pp.9-18. ホロン、前掲書、九五ページ。

（27）同上八二ページ。

（28）Carey McWilliams, *North from Mexico: The Spanish-Speaking People of the United States*, Greenwood Press, 1990, pp.124-125.

（29）Miller, *op. cit.*, pp.150-152.

（30）Reynaldo Anaya Valencia et al., *Mexican Americans and the Law: ¡El pueblo unido jamás será vencido!*, University of Arizona Press, 2004, pp.8-9.

（31）メキシコ系やメキシコ人の米国での受難については数多くの著作が発表されているが、以下の二点を代表として挙げておく。Rodolfo Acuña, *Occupied America, A History of Chicanos (Third Edition)*, Harper Collins, 1988. Manuel Gonzales, *Mexicanos: A History of Mexicans in the United States*, Indiana University Press, 1999.

（32）Alfredo Mirandé, *Gringo Justice*, University of Notre Dame Press, 1987, p.22. また、ビヒルはチカノ運動を取り挙げた著書でハニガン事件の概要を伝えている（Ernesto B. Vigil, *The Crusade for Justice: Chicano Militancy and Government's War on Dissent*, University of Wisconsin Press, 1999, pp.335-336）。

（33）Thomas W. Pogge, "Accommodation Rights for Hispanics in the United States" in Jorge J. E. Gracia & Pablo de Greiff (eds), *Hispanics / Latinos in the United States: Ethnicity, Race and Rights*, Routledge, 2000, p.185.

（34）Homeland Security のデータによると、米国内には二〇〇九年に、千七十五万人の不法滞在者がいて、そのうちメキシコ人は六百六十五万人である (Michael Hoffer et al., "Estimates of the Unauthorized Immigrant Population Residing in the United States: January 2009", *Population Estimates, January 2010*, Office of Immigration Statistics, U.S. Department of Homeland Security, http://www.dhs.gov/xlibrary/assets/statistics/publications/ois_ill_pe_2009.pdf)。

（35）提案六十三号は、英語を公用語にするとの提案で、一九八六年に投票で支持され、また、提案二百九号はアファーマティヴ・アクションとしてのマイノリティへの大学入学枠確保を廃止する内容で、一九九六年に投票で支持されている。提案百八十七号は、不法入国者に公共サーヴィスを提供しないという内容であり、一九九四年に投票され州民の五九％が賛成したが、反対派が訴訟を起こし、連邦地裁が米国憲法に違反すると判断し、上級審で争われていたが、一九九九年七月、州と反対派市民との間で訴訟取り下げが合意され、州法として実施されることはないまま廃止となった。

メキシコの悲哀

（本章は、拙稿「メキシコ人への暴虐――ハニガン事件（一九七六年、アリゾナ）に見出されるもの」亜細亜大学国際関係研究所『国際関係紀要』第十四巻第二号、二〇〇五年、八一―一〇六ページ、に加筆、修正したものである。）

終章

本書は、米墨両国が国境を接するようになってからの二百年の、特に前半に起こったことを中心に取り挙げた。国境そのものが、膨張主義国家の欲するところによって変わり、その変更によって新たに米国領となった土地の住人は数々の受難を強いられ、それに対し抵抗した者もいた。新国境確定後も、メキシコは外国からの勢力に脅かされ続けた。よく凌いだと喝采を送りたくもなる。とはいえ、それまでに失っていたものの厖大なるを考えると、喝采も空しい。米国が世界の超大国に伸し上がる過程で隣国に強いた犠牲は、それをどれだけ強調したところで、メキシコが失った領土が旧に復することはないが、犠牲があったこと自体は忘れられるべきでない。エンゲルスは、その顛末を不幸なことではなかった、と捉えていたようだが、比類なき不幸ではないか。

一八五三年までに確定した米墨国境が変更されたことはなく、すなわち、メキシコが失った領土はそのままである。ただ、その後、国境を形成するリオ・グランデ（川）の流路が変ったことによって、それまでメキシコ領であった土地が川の北側になり、米国領であるかの如くになった地域があったのだが、その地域（チャミサル地区　el Chamizal）については、当事国にカナダを加えた三国の代表者によって形成された調停委員会が、メキシコ領と裁定（メキシコとカナダが賛成）している。米国は裁定結果に従おうとしなかったが、裁定後半世紀以上経った一九六〇年代になって、漸く、その土地がメキシコ領であることを受入れるに至っている。フランス領となっているクリッパトン島については、新たな展開はあり得ないであろうか。

米国は、今日なお、世界のリーダーである。メキシコはといえば、かつては第三世界のリーダーを標榜したこともあった。その昔、スペイン内戦でファシストが勝利した後にも、メキシコは人民戦線側を支持し続けた。さらに遡って、ロシア革命後にレーニンとの権力闘争に敗れたトロツキーを、亡命者として迎えたのもメキシコであった。革命後のキューバに対し、米国が敵視政策を米州諸国に煽ってもメキシコは積極的には追随せず、キューバとの外交関係を保っている。昨今話題の「クラスター爆弾禁止条約」もいち早く批准し、早期発効に貢献している。また、「日墨修好通商条約」というものが一八八八年に締結されているが、これは、日本が外国と結んだ平等条約の嚆矢となるものとして評価され、幕末期以来の欧米列強との不平等条約の改定交渉において、このメキシコとの平等条約の存在は一定の役割を果たしたと云われる。メキシコは大国に蹂躙された歴史があるがゆえに、他国の痛みがわかるのではないだろうか。その外交には、強い者に阿《おもね》らない独自姿勢が窺える。

もっとも、このような外交姿勢は、「街灯を明々と照らし、家の中は暗闇」と、国民に揶揄されてもいる。すなわち外交でいい顔をしても、内政はひどいではないかということである。トラテロルコとはメキシコ外務省のある辺りを指す地名であるが、この名を冠した二つの有名事があり、街灯と暗闇を象徴しているかのようである。ひとつは「トラテロルコ条約」（一九六七年）で、ラテンアメリカの非核化を謳った、世界の核廃絶潮流として先駆的な条約であるが、その成立にメキシコは中心的役割を果たしている。もう一方は「トラテロルコの虐殺」で、一九六八年のメキシコ・オリンピック開催の十日前、民主化を要求する学生運動を、政府が軍隊を投入して弾圧し、学生側に数百名の死者を出したと云われる事件である。その舞台となったのが、トラテロルコにある広場であったのだが、この事件は世界各地で非難を浴び、メキシコ国内でも、その真相解明と責任追及は今日なお続いている。外交の場でのメキシコの功績は大いに評価されるのであるが、国内矛盾もまた甚だしく、問題は多い。

大きな問題のひとつとして対先住民問題が挙げられる。第二章末尾でも触れたとおり、一九九四年に、南部のチアパス州で先住民の権利回復を要求する叛乱が起こり、いまだに平和的解決には至っていない。第一章で取り挙げた領土問題では、米国の膨張主義の被害者としてメキシコを位置付けたが、メキシコの失った土地とて、元はと云えば、先住民が生活の場としていたものであり、メキシコの前身のスペインが勝手に領有し、それをメキシコが受け継いだものであった。ただ、米国は、先住民を排除して成立した国であり、先住民との関係、もしくは彼らに対する罪はわかり易いが、メキシコは、その国民に先住民の要素が大きく、同国の対先住民関係は単純に捉えられるものではない。とはいえ、結局は失うことになった北方領土を生活領域としていた先住民の、スペインやメキシコに対する帰属意識は極めて低かったと思われ、彼ら先住民にとっては、所詮は、元々自分たちのものであった土地の支配者が、外から来た輩の間で交代したに過ぎない。その点に触れずに第一章を展開したのは、本書の矛盾でもある。

右記二百年のほぼ後半を占める米墨関係を特徴付けるのが、第五章でも一部取り挙げた、両国国境をまたぐ人の移動であり、特にメキシコから米国への不法入国が大きな問題となっている。今日の米墨国境が定められてから、二十世紀初頭まで、メキシコ人は国境線を意識することなく移動し、米国もそれを問題視していなかったと云われる。しかし、米国がメキシコ人の移動を問題とするようになってから、むしろその入国は増加し、米国は種々対策を講じてきたが、一時的には効果があっても、抜本的解決にはなっていない。全長三〇〇〇キロメートルに及ぶ米墨国境の東半分はリオ・グランデ（川）で、川を渡りさえすれば対岸はテキサスである。渡河を含め様々な越境方法があるようで、米墨国境の地下には何本もトンネルが掘られているとも云われる。また、越境を手引きすることがビジネスとして成立してもいる。

今日、米国内には一千万人以上の不法入国（もしくは滞在）者がいると云われ、その内メキシコ人が六割以上を占めると推定されている[1]。第五章で見たとおり、一定の条件を満たす不法滞在者に合法的身分を与えるとか、不法身分の者を雇用した者を罰するなどの法制化も実施されたが、抜本的解決には至っていない。メキシコ人にとって、米国は稼げる隣国であり、米国のある産業分野にとって、メキシコは便利な労働力を提供する隣国である。米国とメキシコの根本的格差が埋まらない限り、解決しない問題だと見られている。

この問題は、「解決しない」では納得しない人々もいる。カリフォルニア州では、前世紀末に、不法身分の者に医療や教育などの公共サーヴィスを提供しないとの提案（カリフォルニア州提案百八十七号）が、住民投票で過半を制したこともあった（裁判所差し止めで実施には至らず）。また、不法入国を重罪にする連邦法導入の動きもある（現行法では、不法入国は微罪扱いで、メキシコ人は捕まっても国境の南に帰されるのみというのが通常）。また、二〇一〇年四月、アリゾナ州議会は、外見から不法入国者と思われる者を警察が職務質問することを認める法を制定し、拒否権行使を求める大統領の要望をよそに、州知事は法案に署名している。

米墨国境全域に頑丈なフェンスを設置し、ハイテク技術を駆使して不法越境を不可能にする、という物理的阻止論も米国政界に根強くあり、それを支持する世論には、「国境に地雷を埋めよ」などというものまである。とにかく、メキシコ人の不法入国は絶対的にけしからん、ということなのである。不法のよかろう筈はないが、不法入国問題でいきり立つ米国人に問いたい。百八十年ほど前、メキシコ領テキサスになだれ込み、独立を叫んだ米国人の、かなりの部分は不法入国者であったことを御存じか。因果はめぐる……。

二〇〇三年のこと、駐国連メキシコ大使が解任された。学生との対話の場で、「米国はメキシコを裏庭扱いしている」と、米国を批判する発言をし、対米関係を重視するメキシコ政府によって問題視された結果であった。当時の報道によれば、「大使は学生を前に『米国は我々を利用したい時、従属させたい時にだけメキシコに関心を持つが、決して対等な関係を築こうとはしない』と語った。さらに『米国はメキシコを欧州諸国のように対等の相手とみなさない』『週末の愛人のような扱いだ』とも述べた。」(2)

「週末の愛人」という表現は問題だったかもしれないが、この大使の発言は実によく的を射ている。その約十年前にNAFTAを締結し、対米協調路線を順調に歩んでいたメキシコとしては、的を射ているがゆえに厳しく対処したのではないか。「強いものに阿らない」とメキシコ外交を持ち上げたばかりであるが、七十年以上も続いた前政権からの交代を果たして日の浅い、当時の新政府の、新しい外交であろうか。(3) 件の大使は「言いたいことは山ほどある」と言い残して国連を去っていった。その言いたかったことと、本書の提起しようとしたところは、少なからず重なるのではないか。

注

（1）第六章注34参照。
（2）『毎日新聞』二〇〇三年十一月十九日朝刊。
（3）メキシコでは一九一〇年に始まったメキシコ革命が、一九一七年の革命憲法の成立をもって一応終結したとされているが、その革命精神を基盤として一九二九年に成立した政党が、二〇〇〇年まで一貫して政権を担当した。その政党（制度的革命党。発足時は別名）は腐敗を指摘されながらも権力を維持し続けたが、二〇〇〇年の大統領選挙において、国民行動党に敗れて下野し、国民行動党は次の二〇〇六年の選挙にも勝利し、今日も政権を担当している。国民行動党は制度的革命党よりも右寄りの政党であり、二〇〇六年の選挙においては制度的革命党より左である民主革命党が政権与党を脅かしたが、国民行動党が僅差で勝利している。ラテンアメリカが全体的に左傾、反米化している時のことであり、この選挙結果のもつ意味は小さくない。少なくとも米国にとっては歓迎すべき結果であった。

〈参考文献〉

単行本

池上日出夫『アメリカ　不服従の伝統――「明白な天命」と反戦』新日本出版社、二〇〇八年
ギルバート、マーティン（池田智訳）『アメリカ歴史地図』明石書店、二〇〇三年
クック、アリステア（鈴木健次、櫻井元雄訳）『アリステア・クックのアメリカ史（上）』日本放送出版協会、一九九四年
国本伊代『メキシコの歴史』新評論、二〇〇二年
クラウセ、エンリケ（大垣貴志郎訳）『メキシコの百年1810―1910　権力者の列伝』現代企画室、二〇〇四年
サパティスタ民族解放軍（太田昌国／小林致広編訳）『もう、たくさんだ！　メキシコ先住民蜂起の記録①』現代企画室、一九九五年
シュレジンガーJr.、アーサー（藤田文子、藤田博司訳）『アメリカ大統領と戦争』岩波書店、二〇〇五年
鈴木康久『メキシコ現代史』明石書店、二〇〇三年
日墨協会／日墨交流史編集委員会『日墨交流史』PMC出版、一九九〇年
ハムネット、ブライアン（土井亨訳）『メキシコの歴史』創土社、二〇〇八年
ブラウン、ディー（鈴木主税訳）『わが魂を聖地に埋めよ』上・下巻、草思社、一九七二年
ホロン、W. E.（中山容、福本麻子訳）『アメリカ・暴力の歴史』人文書院、一九九二年
メキシコ大学院大学編、（村江四郎訳）『メキシコの歴史』新潮社、一九七八年
モリソン、サムエル（西川正身翻訳監修）『アメリカの歴史2　1815年―1900年』集英社、一九七一年
山岸義夫『アメリカ膨張主義の展開――マニフェスト・デスティニーと大陸帝国――』勁草書房、一九九五年
Acuña, Rodolfo. *Occupied America: A History of Chicanos (Third Edition)*, Harper Collins, 1988.

Acuña, Rodolfo. *Sonoran Strongman: Ignacio Pesqueira and His Times*, University of Arizona Press, 1974.

Almada Bay, Ignacio. *Breve Historia de Sonora*, El Colegio de México, 2000.

Anaya Valencia, Reynaldo et al., *Mexican Americans and the Law: ¡El pueblo unido jamás será vencido!*, University of Arizona Press, 2004.

Bancroft, Hubert Howe. *History of Mexico Vol. V. 1824-1861, The Works of Hubert Howe Bancroft, Volume XIII*, A. L. Bancroft & Co., 1885.

Beck, Warren A, and Ynez D. Haase. *Historical Atlas of the American West*, University of Oklahoma Press, 1992.

Betzinez, Jason. *I Fought with Geronimo*, University of Nebraska Press, 1959.

Blumenberg, Renato. *Antonio López de Santa Anna*, Grupo Editorial Tomo, 2003.

Bravo Ugarte, José. *Compendio de Historia de Mexico*, Editorial JUS, 1946.

Brown, Dee. *Bury My Heart at Wounded Knee: An Indian History of the American West*, Henry Holt and Company, LLC, 1970.

Burns, Walter Noble. *The Robin Hood of El Dorado: The Saga of Joaquin Murrieta, Famous Outlaw of California's Age of Gold*, University of New Mexico Press, 1999.

Calavita, Kitty. *Inside the State: The Bracero Program, Immigration, and the I.N.S.*, Routledge, 1992.

Calvo Berber, Laureano. *Nociones de Historia de Sonora*, Librería de Manuel Porrúa, 1958.

Cardoso, Lawrence A. *Mexican Emigration to the United States 1897-1931*, University of Arizona Press, 1980.

Chávez, John R. *The Lost Land: The Chicano Image of the Southwest*, University of New Mexico Press, 1984.

Chipman, Donald E. *Spanish Texas: 1519-1821*, University of Texas Press, 1992.

Coerver, Don M., and Linda B. Hall. *Texas and the Mexican Revolution: A Study in State and National Border Policy 1910-1920*, Trinity University Press, 1984.

Coppey, Hypolite (traducido por Alberto Cubillas). *El Conde Raousset-Boulbon en Sonora*, Librería de Manuel Porrúa, 1962.

Cunningham, Michele. *Mexico and the Foreign Policy of Napoleon III*, Palgrave Macmillan, 2001.

Davies, Philip. *The History Atlas of North America*, Macmillan, Inc., 1998.

De León, Arnoldo. *The Tejano Community, 1836-1900*, University of New Mexico Press, 1982.

De León, Arnoldo. *They Called Them Greasers: Anglo Attitudes toward Mexicans in Texas, 1821-1900*, University of Texas Press, 1983.

Divine, Robert A., et al. *America, Past and Present (Seventh Edition)*, Pearson Education, Inc., 2005.

Eisenhower, John S. D. *So Far From God: The U.S. War With Mexico 1846-1848*, Random House, 1989.

Foster, James C., ed. *American Labor in the Southwest: The First One Hundred Years*, University of Arizona Press, 1982.

Fowler, Will. *Santa Anna of Mexico*, University of Nebraska Press, 2007.

García y Griego, Manuel. *The Importation of Mexican Contract Laborers to the United States, 1942-1964: Antecedents, Operation and Legacy*, Program in United States-Mexican Studies, University of California, San Diego, 1981.

García, Juan Ramon. *Operation Wetback: The Mass Deportation of Mexican Undocumented Workers in 1954*, Greenwood Press, 1980.

Gómez Robledo, Antonio. *México Y Arbitraje Internacional*, Editorial Porrúa, 1965.

Gómez-Quiñones, Juan. *Mexican American Labor, 1790-1990*, University of New Mexico Press, 1994.

Gómez-Quiñones, Juan. *Roots of Chicano Politics, 1600-1940*, University of New Mexico Press, 1994.

Gonzales, Manuel G. *Mexicanos: A History of Mexicans in the United States*, Indiana University Press, 1999.

González Avelar, Miguel. *Clipperton, Isla Mexicana*, Fondo de Cultura Económica, 1992.

Griswold del Castillo, Richard. *The Treaty of Guadalupe Hidalgo: A Legacy of Conflict*, University of Oklahoma Press, 1990.

Harris, Charles H., and Louis R. Sadler. *The Border and the Revolution: Clandestine Activities of the Mexican Revolution: 1910-1920*, High-Lonesome Books, 1988.

Henderson, Timothy J. *A Glorious Defeat: Mexico and Its War with the United States*, Hill and Wang, 2007.

Hoffman, Abraham. *Unwanted Mexican Americans in the Great Depression: Repatriation Pressures 1929-1939*, University of Arizona Press, 1974.

King, Clarence. *Mountaineering in the Sierra Nevada*, Charles Scribner's Sons, 1919.

Marquand Dozer, Donald. *Latin America: An Interpretive History*, McGrawhill, 1962.

Martínez, Oscar J., ed. *U.S. - Mexico Borderlands: Historical and Contemporary Perspectives*, Scholarly Resorces Inc., 1996.

May, Robert E. *Manifest Destiny's Underworld: Filibustering in Antebellum America*, University of North Carolina Press, 2002.

McWilliams, Carey. *North from Mexico: The Spanish-Speaking People of the United States*, Greenwood Press, 1990.

Meier, Matt S., and Feliciano Ribera. *Mexican Americans / American Mexicans: From Conquistadors to Chicanos*, Hill and Wang, 1993.

Meinig, D. W. *The Shaping of America: A Geographical Perspective on 500 Years of History, Volume 2 Continental America, 1800-1867*, Yale

University Press, 1993.

Meyer, Michael C., et al. *The Course of Mexican History (Sixth Edition)*, Oxford University Press, 1999.

Miller, Tom. *On the Border: Portraits of America's Southwestern Frontier*, Harper & Row Publishers, 1981.

Mirandé, Alfredo. *Gringo Justice*, University of Notre Dame Press, 1987.

Montejano, David. *Anglos and Mexicans in the Making of Texas, 1836-1986*, University of Texas Press, 1987.

Morales, Patricia. *Indocumentados Mexicanos: Causas y razones de la migración laboral*, Grijalbo, 1989.

Nofi, Albert A. *The Alamo and the Texas War for Independence: September 30, 1835 to April 21, 1836 Heroes, Myths and History*, Da Capo Press, 1992.

Ochoa, George, and Carter Smith. *Atlas of Hispanic-American History (Revised Edition)*, Checkmark Books, 2009.

Orozco, Ricardo. *¡La Pasión, es México!, la terrible tragedia de la Isla de Clípperton*, Centro de Estudios Históricos del Porfiriato, 1998.

Padilla Ramos, Raquel. *Yucatán, Fin del Sueño Yaqui: El Tráfico de Los Yaquis y El Otro Triunvirato*, El Gobierno del Estado de Sonora y la Secretaría de Educación y Cultura, 1995.

Paredes, Américo. *"With His Pistol in His Hand": a Border Ballad and Its Hero*, University of Texas Press, 1958.

Pérez López-Portillo, Raúl. *Historia Breve de México*, Sílex, 2002.

Pick, James B., and Edgar W. Butler. *The Mexico Handbook: Economic and Demographic Maps and Statistics*, Westview Press, 1994.

Pommeret, Xavier. *Mexique*, Édition du Seuil, 1964.

Ramírez Cabañas, Joaquín. *Gaston de Raousset: Conquistador de Sonora*, Ediciones Xochitl, 1941.

Rivera, Geraldo. *His Panic: Why Americans Fear Hispanics in the U.S.*, Celebra, 2009.

Rivera-Batiz, Francisco L., et al. *U.S. Immigration Policy Reform in the 1980s: A Preliminary Assessment*, Praeger Publishers, 1991.

Rosenbaum, Robert J. *Mexicano Resistance in the Southwest: "The Sacred Right of Self-Preservation"*, University of Texas Press, 1981.

Samora, Julian, et al. *Gunpowder Justice: A Reassessment of the Texas Rangers*, University of Notre Dame Press, 1979.

Sandos, James A. *Rebellion in the Borderlands: Anarchism and the Plan of San Diego, 1904-1923*, University of Oklahoma Press, 1992.

Scheina, Robert L. *Santa Anna: A Curse upon Mexico*, Brassey's Inc., 2002.

Secretaría de Relaciones Exteriores de México. *La Isla de La Pasión llamada de Clipperton*, Publicación Oficial, 1909.

Skaggs, Jimmy M. *Clipperton: A History of the Island the World Forgot*, Walker & Co., 1989.
Smith, Clint E. *Inevitable Partnership: Understanding Mexico-U.S. Relations*, Lynne Rienner Publishers, Inc., 2000.
Sobarzo, Horacio. *Cronica de la Aventura de Raousset-Boulbon en Sonora*, Librería de Manuel Porrúa, 1954.
Spicer, Edward H. *Cycles of Conquest: The Impact of Spain, Mexico and the United States on the Indians of the Southwest, 1533-1960*, University of Arizona Press, 1962.
Suárez Argüello, Ana Rosa. *Un Duque Norteamericano para Sonora*, Dirección General de Publicaciones del Consejo Nacional para la Cultura y las Artes, 1990.
Suchlicki, Jaime. *Mexico: From Montezuma to NAFTA, Chiapas, and Beyond*, Brassey's, 1996.
Verea Campos, Mónica. *Entre México y Estados Unidos: Los Indocumentados*, Ediciones El Caballito, 1982.
Vigil, Ernesto B. *The Crusade for Justice: Chicano Militancy and Government's War on Dissent*, University of Wisconsin Press, 1999.
Vigil, James Diego. *From Indians to Chicanos: The Dynamics of Mexican-American Culture*, Waveland Press, 1998.
Villa, Eduardo W. *Compendio de Historia del Estado de Sonora*, Editorial "Patria Nueva", 1937.
Wallace, Edward S. *Destiny and Glory*, Coward-McCann, Inc., 1957.
Wilbanks, William. *The Myth of a Racist Criminal Justice System*, Brooks / Cole Publishing Co., 1987.
Wyllys, Rufus Kay (traducido por Alberto Cubillas). *Los Franceses en Sonora (1850-1854)*, Editorial Porrúa, 1971.
Zoraida Vázquez, Josefina, y Lorenzo Meyer. *México frente a Estados Unidos (Un ensayo histórico 1776-1988)*, Fondo de Cultura Económica, 1992.
Zorrilla, Luis G. *Historia de las Relaciones entre México y los Estados Unidos de América 1800-1958, Tomo 1*, Editorial Porrúa, 1965.

論文

エンゲルス、フリードリッヒ（村田陽一訳）「民主的汎スラブ主義」大内兵衛、細川嘉六監修『マルクス＝エンゲルス全集　第6巻』大月書店、一九六一年

Almada Bay, Ignacio. “Francia en Sonora: Una Introducción”, Ignacio Almada Bay(coordinador), *Francia en Sonora*, Instituto Sonorense de Cultura, 1993.

Hoffer, Michael, et al. “Estimates of the Unauthorized Immigrant Population Residing in the United States: January 2009”, *Population Estimates, January 2010*, Office of Immigration Statistics, U.S. Department of Homeland Security, http://www.dhs.gov/xlibrary/assets/statistics/publications/ois_ill_pe_2009.pdf

Meyer, Lorenzo. “La encrucijada”, Centro de Estudios Históricos, *Historia General de México, Tomo 4*, El Colegio de México, 1976.

Nuñez-Neto, Blas, Alison Siskin, and Stephen Viña, “Border Security: Apprehensions of “Other Than Mexican” Aliens”, *CRS Report for Congress (Received through the CRS Webs)*, Order Code RL33097

Pogge, Thomas W. “Accommodation Rights for Hispanics in the United States”, Jorge J. E. Gracia and Pablo de Greiff, eds., *Hispanics / Latinos in the United States: Ethnicity, Race and Rights*, Routledge, 2000.

Richmond, Douglas W. “La guerra de Texas se renova: Mexican Insurrection and Carrancista Ambitions, 1900-1920”, *Aztlán, Vol. 11, no.1*, UCLA Chicano Studies Reserch Center Press, 1980.

Rytina, Nancy, and John Simanski. “Apprehensions by the U.S. Border Patrol: 2005-2008”, *Fact Sheet June 2009*, Office of Immigration Statistics, U.S. Department of Homeland Security, http://www.dhs.gov/xlibrary/assets/statistics/publications/ois_apprehensions_fs_2005-2008.pdf

Sierra, Justo (translated by Ramón Eduardo Ruiz). “The Tragedy of 1864”, Ramón Eduardo Ruiz, ed., *The Mexican War: Was It Manifest Destiny?*, Holt, Rinehart and Winston, Inc., 1963.

Woodrow, Karen A. and Jeffrey S. Passel, “Post IRCA Undocumented Immigration to the United States: An Assessment Based on the June 1988 CPS”, Frank D. Bean et al., eds., *Post-IRCA Undocumented Immigration to the United States: IRCA and the Experience of the 1980s*, Urban Institute Press, 1990.

その他

大貫良夫ほか監修『ラテン・アメリカを知る事典』平凡社、一九九九年
『毎日新聞』二〇〇三年十一月十九日朝刊

Arizona Daily Star, 23 March, 8, 9, 12, 16, 17, 27 October, 1977.
Arizona Daily Star, 24 January, 1 December, 1982.
Arizona Daily Star, 25 May, 1983.
Columbia Gazetteer of the World, Vol. 1, Columbia University Press, 1998.
Encyclopedia Americana, International Edition, Vol. 7, Grolier Inc., 1988.
The English Oxford Dictionary, Second Edition, Clarendon Press, 1989.
Grand Dictionnaire Encyclopédique Larousse, Tome 3, Librairie Larousse, 1982.
House of Representative, *Execution of Colonel Crabb and Associates (Message from the President of the United States, Communicating Official Information and Correspondence in Relation to the Execution of Colonel Crabb and his Associates.)*, 1858.
Instituto Nacional de Estadística, Geografía e Informática, *Anuario Estadístico de los Estados Unidos Mexicanos, Edición 2001*, 2002.
New York Times, 2 September, 11 October, 1979.
New York Times, 26, 27 June, 2, 7, 21, 25 July, 4, 29 August, 1980.
New York Times, 20 January, 20, 21, 24 February, 1981.

あとがき

米国では今日、アリゾナがニュースに頻出している。本文中に記したとおり、この州は元メキシコ領であるが、その南部は米国本土（アラスカを除く）で最後に米国領となった地域であり、その南限が新たな米墨国境を形成して今日に至っている。メキシコから米国へと、国境を不法に越えることには一世紀以上の歴史があるが、越境の主舞台は従来テキサス、カリフォルニアであった。しかし、この数年来アリゾナが急浮上し、最後に米国領となったこの地域に先ず潜り込むというルートで、米国に不法入国する者が増加している。それに対して苛立つアリゾナ州民もおり、新しい州法を制定し、不法入国者を厳しく取り締まり、また、国境をメキシコ人が容易に渡れないようにしようとしている。このような事態を知るにつけ、その国境成立の経緯に思いが及ぶのが、本書の著者である。

アリゾナの新州法は米国の各方面で大いに関心をもたれている。本年四月にアリゾナ州知事がその制定に署名し、七月末に連邦地裁が同法の主要部分を差し止め、上級審の判断が仰がれる展開となっている。連邦政府はこの新州法を批判し、メキシコ系などの団体、メキシコ政府も反対の意を表明し、全国的に（さらには国外でも）アリゾナとのビジネスをボイコットする動きがある。それに対し、新州法を積極的に支持する人々も州内外に少なくなく、アリゾナのビジネスを支援するなどし、また同様の州法の導入を図る州（ユタなど）もある。

イチロー、松井の動向が日々我が国で報じられる米国大リーグの選手会も、アリゾナの新州法を非難している。一方で、新州法を実質的に差し止める判決を下した判事個人に抗議や嫌がらせの電話、電子メールが殺到したとの報道もある。連邦大統領は、新州法に反対の意向を明確にしているが、移民や米墨間の国境のあり方に関する抜本的な対策の必要性を訴えてもいる。移民および米墨国境問題は、今秋の米国中間選挙やその先において、一大争点となろう。本書としては、アリゾナの問題は是非とも追いかけたいところではある。

などと言っても、本書は本来、アリゾナ新州法がこれほどの話題となる以前に出版されていた筈のものであり、アリゾナの問題を追う云々は欲張った話である。本書は著者の勤務先の特別研究奨励制度適用（平成二十年度前期）を受けて上梓が叶い、遅くとも本年三月末までには出版されていなければならないものであった。しかし、その期限からさらに遅れること半年という今頃になって、漸く世に送り出すに至った。出版の契機を与え、さらにその遅延にも寛大さを示してくれた我が勤務先、亜細亜大学には感謝あるのみである。

本書は松籟社社長にして畏兄、相坂一氏の理解なくして、このように出版されることはなかった。また編集担当の木村浩之氏は粗い原稿に忍耐強くお付き合いくださり、常に冷静で的確な助言をしてくださった。記して、お二方への謝意を表したい。

（二〇一〇年八月）

索引

本文・注で言及した人名、地名、歴史的語句等を配列した。

●人名索引

【あ行】

アイゼンハワー、ジョン・S・D（Eisenhower, John S. D.） 12, 41
アダムズ、ジョン・クインシー （Adams, John Quincy） 32
ヴァン・ビューレン、マーティン（Van Buren, Martin） 29
ヴィットリオ・エマヌエレ三世（Vittorio Emanuele III） 135
ウィルソン、トーマス・ウッドロウ（Wilson, Thomas Woodrow） 65
ウェイン、ジョン（Wayne, John） 11, 23, 106
ウエルタ、ビクトリアーノ（Huerta, Victoriano） 64-66
ウォーカー、ウィリアム（Walker, William） 80, 94-96, 99-101, 104-105, 111
エレラ、ホセ・ホアキン・デ（Herrera, José Joaquín de） 30-31, 33
エンゲルス、フリードリッヒ（Engels, Friedrich） 36, 41, 197
オースティン、スティーヴン（Austin, Stephen） 18-21
オースティン、モーゼズ（Austin, Moses） 17
オブレゴン、アルバロ（Obregón, Álvaro） 64
オロスコ、リカルド（Orozco, Ricardo） 136, 140

【か行】

カーター、ジミー（Carter, James Earl, Jr.） 174-175
カランサ、ベヌスティアーノ（Carranza, Venustiano） 64-66
クラブ、ヘンリー・アレグザンダー（Crabb, Henry Alexander） 96-103, 105, 110-111
グラント、ユリシーズ・S（Grant, Ulysses S.） 38
クリッパトン、ジョン（Clipperton, John） 129-130, 132
クロケット、デイヴィー（Crockett, David） 11, 23
コルティーナ、フアン（Cortina, Juan） 54-58, 67-68, 72
ゴンザレス、マヌエル・G（Gonzales, Manuel G.） 54

【さ行】

サパタ、エミリアーノ （Zapata, Emiliano） 64
サンタアナ、アントニオ・ロペス・デ（Santa Anna, Antonio López de） 14, 16, 21-30, 33-35, 38-39, 92, 94, 104, 117, 119-121, 138, 145
サンドス、ジェイムズ・A（Sandos, James A.） 67-68
ジェファーソン、トーマス（Jefferson, Thomas） 37, 41
ジャクソン、アンドルー（Jackson, Andrew） 25, 28-29
スキャッグズ、ジミー・M（Skaggs, Jimmy M.） 135
スパイサー、エドワード・H（Spicer, Edward H.） 83

スロアガ、フェリックス（Zuloaga, Félix） 121, 142

【た行・な行】

タイラー、ジョン（Tyler, John） 29
ディアス、ポルフィリオ（Díaz, Porfirio） 41, 63-64, 73, 147-148
デレオン、アルノルド（De León, Arnoldo） 49, 51
トロツキー、レオン（Trotskiy, Leon） 198
ナポレオン三世（Napoléon III） 105, 126, 132, 134, 136

【は行】

パレーデス、アメリコ（Paredes, Américo） 52
パンドレ、シャルル・ド（Pindlay, Charles de） 87-90, 99, 108
ビジャ、フランシスコ（Villa, Francisco） 64-66
ヒューストン、サミュエル（Houston, Samuel） 21-22, 24-26, 40
フアレス、ベニート（Juárez, Benito） 121, 124, 126, 142, 147
ブスタマンテ、アナスタシオ（Bustamante, Anastasio） 118
ブスタマンテ、アントニオ（Bustamante, Antonio） 174
フローレス、フアン・ホセ（Flores, Juan José） 79
ポーク、ジェイムズ・ノックス（Polk, James Knox） 29-33, 37-38, 41
ホロン、ウィリアム・ユージーヌ（Hollon, William Eugene） 70-71, 185, 194
ホワイト、ジョセフ・A（White, Joseph A.） 29, 79

【ま行・や行】

マキシミリアン、フェルディナント（Maximilian, Ferdinand） 120, 122-123, 126, 132, 137-139
マックウィリアムズ、ケアリー（McWilliams, Carey） 186
マデロ、フランシスコ（Madero, Francisco） 64
ミランデ、アルフレド（Mirandé, Alfredo） 48, 191
ムリエタ、ホアキン（Murieta, Joaquín） 184
ヤニェス、ホセ・マリア（Yáñez, José María） 92-93

【ら行】

ラウセ＝ブルボン、ガストン・ラウル・ド（Raousset-Boulbon, Gaston Raoul de） 87, 89-91, 93-94, 97, 99-100, 103, 105, 108-111
リンカーン、エイブラハム（Lincoln, Abraham） 38, 41
レーニン、ウラジミール・イリイチ（Lenin, Vladimir Il'ich） 198
ローゼンバウム、ロバート・J（Rosenbaum, Robert J.） 56, 66
ロペス、ナルシソ（López, Narciso） 79
ロペス＝ポルティージョ、ホセ（López Portillo, José） 175
ロング、ジェイムズ（Long, James） 84

●語句索引

【アルファベット】

【あ行】

【か行】

【ま行】

【や行・ら行・わ行】

【著　者】

中野　達司（なかの・たつし）
東京外国語大学大学院修士課程地域研究研究科修了。
現在、亜細亜大学国際関係学部教授。

業績：R. バーサム『ノンフィクション映像史』（共訳）創樹社、1984 年など

メキシコの悲哀《ひあい》
——大国《たいこく》の横暴《おうぼう》の翳《かげ》に

2010 年 11 月 30 日　初版第 1 刷発行　　　定価はカバーに表示しています

著　者　中野　達司
発行者　相坂　　一

発行所　　松籟社（しょうらいしゃ）
〒 612-0801　京都市伏見区深草正覚町 1-34
電話　075-531-2878　振替　01040-3-13030
ウェブサイト　http://shoraisha.com/

装丁　西田　優子
Printed in Japan　　印刷・製本　モリモト印刷（株）

 ISBN978-4-87984-289-3　C0022

植民者へ　ポストコロニアリズムという挑発

野村浩也、池田緑、郭基煥、ダグラス・ラミス、桃原一彦、島袋まりあ、金城正樹、冨山一郎、知念ウシ 著

46判並製・480頁・3360円
ISBN 978-4-87984-253-4 C0036

植民者とはだれか？　現代日本における植民地主義の様相を暴き出す、植民者への挑発。アシス・ナンディのインタビュー（聞き手：知念ウシ）を収録。

不埒な希望　ホームレス／寄せ場をめぐる社会学

狩谷あゆみ 編著
北川由紀彦、中根光敏、西澤晃彦、文貞實、山口恵子、山本薫子 著

46判並製・320頁・2310円
ISBN 978-4-87984-246-X C0036

寄せ場、ダンボール村、自立支援、移民、女性、抵抗、襲撃の考察から現代社会に張り巡らされたさまざまな〈埒〉の存在を可視化する不埒な試み。

周縁の文学　ベルギーのフランス語文学にみるナショナリズムの変遷

岩本和子 著

A5判上製・416頁・6090円
ISBN 978-4-87984-249-7 C0098

複雑なナショナリズム意識と、それと切り離せない文学とを育んできた小国ベルギー。この地のフランス語文学の系譜をたどり、文学と国家／言語と国家／言語と文学の関わりを考える。

価格は消費税5%を含んでいます。2010年11月現在。

好評既刊　松籟社の本

太鼓歌に耳をかせ　カリブの港町の「黒人」文化運動とベネズエラ民主政治

石橋純 著

46判上製・574頁・2940円
ISBN 978-4-87984-237-4 C0036

1980年代以降に南米の都市下層で起こった文化－政治－経済運動を、担い手の住民の視線から、チャベス政権へと併呑される歴史的状況のただなかから、響きとともに描き出す。

フィクションと証言の間で　現代ラテンアメリカにおける政治・社会動乱と小説創作

寺尾隆吉 著

46判上製・296頁・3990円
ISBN 978-4-87984-247-3 C0098

メキシコ革命小説からマルケス、コルタサルに至るまで……20世紀ラテンアメリカ全体を視野に収め、小説と政治の関係、小説創作における政治・社会的要素の取り込み方を論じる。

黒い大西洋《ブラック・アトランティック》と知識人の現在

市田良彦、ポール・ギルロイ、本橋哲也 著
小笠原博毅 編

46判並製・272頁・2310円
ISBN 978-4-87984-270-1 C0010

3人の著者をパネリストに迎え開催されたシンポジウム「ポストコロニアル世界と〈知識人〉――『黒い大西洋』からの声」の模様を収録。「文化」をめぐる先鋭的な議論へと読者を誘う。
